Aileen Köbe

Das Ich zwischen Du und Es

Zwischenmenschliche Beziehungen im Zeitalter der Digitalisierung

Aileen Köbe

Das Ich zwischen Du und Es

Zwischenmenschliche Beziehungen im Zeitalter der Digitalisierung

vta

Aileen Köbe studierte Deutsch, Philosophie und Ethik an der Humboldt-Universität zu Berlin. Ihre Interessenschwerpunkte sind Anthropologie, neuzeitliche Literatur und Sozialphilosophie, die sie oftmals mit anderen Fachrichtungen wie der Psychologie verbindet. Sie arbeitet als freie Autorin in Berlin.
Korrespondenzadresse: a.koebe@yahoo.de

Impressum

Die Deutsche Nationalbibliothek verzeichnet diese Publikation in der Deutschen Nationalbibliographie; detaillierte bibliographische Daten sind im Internet über http://dnb.dnb.de abrufbar.

VTA Verlag für Tiefenpsychologie und Anthropologie Berlin
mail@vta-verlag.com; www.vta-verlag.com

Druck und Vertrieb: Books on Demand GmbH
In de Tarpen 42, 22848 Norderstedt
Gesetzt aus der Athelas serif Standard und der Gill sans serif light.
Umschlaggestaltung: deblik Berlin unter Verwendung eines Bildes von Matthias Morick (mit freundlicher Genehmigung).

ISBN 978-3-946130-41-3 (Print)
ISBN 978-3-946130-42-0 (eBook)

Inhalt

Vorwort

„Schön, dass wir uns begegnet sind." Das habe ich einmal auf einem grünen Hinweisschild in Berlin gelesen. Es stand an einer verkehrsberuhigten Straße mit Cafés, die als Begegnungsort für alle Menschen dienen soll. Ein schöner und wichtiger Gedanke! Bei jeder neuen Begegnung wissen wir nicht, wozu diese führt. Denn wir kennen das Gefühl, wenn uns eine Begegnung überrascht hat, daraus vielleicht eine Freundschaft oder eine Partnerbeziehung entstanden ist. Wir kennen aber auch das Gefühl, wenn die Begegnung mit anderen Menschen in einer bestimmten Form schmerzhaft sein kann. Dieses Wechselspiel aus „Sich-auf-andere-Einlassen" und „Sich-vor-anderen-Schützen" bestimmt unser Leben. Ich weiß, dass extra gestaltete Begegnungsorte nicht unmittelbar dazu führen, dass Menschen sich tatsächlich begegnen. Es ist lediglich ein Möglichkeitsraum, der genutzt werden *kann*, wenn wir es wollen. Das Resultat ist dann im besten Fall dieser Gedanke: „Schön, dass wir uns begegnet sind." In diesem Sinne freue ich mich, dass Sie mein Buch in Ihren Händen halten und es lesen wollen. Es findet sozusagen eine schriftliche Begegnung mit mir und den Denkern statt, die ich zitiere. Ich hoffen, Sie finden interessante Anregungen für sich oder für Ihr Fachgebiet finden.

Dieses Buch ist eine Überarbeitung meiner Masterarbeit im Fach Philosophie an der Humboldt-Universität zu Berlin. Es ist daher primär ein philosophischer Text. Und doch ist es mir wichtig, dass ich nicht nur für Fachleute schreibe, sondern, dass viele Menschen die Möglichkeit haben, den Inhalt meines Buches zu verstehen. Ich hoffe, dies ist mir gelungen. Das Thema ist aus dem Alltag heraus entstanden: Auf einer Hochzeit habe ich mit anderen darüber diskutiert, ob es heutzutage noch möglich ist, dass Liebespaare sich auf der Straße kennenlernen oder nur noch online über Datingportale oder über soziale Netzwerke. Ich habe diese Frage allgemein auf zwischenmenschliche Beziehungen ausgeweitet und war von dem Ergebnis meiner philosophischen Arbeit selbst überrascht.

Zur formalen Vorgehensweise: Die *Kursivschreibung* verwende ich, um Worte inhaltlich hervorzuheben, aber auch um Titel kenntlich zu machen. „Anführungszeichen“ verwende ich für Zitate und um Begriffe zu markieren. Die kursiven Zwischenüberschriften dienen dazu, den Inhalt im Sinne der besseren Verständlichkeit zu strukturieren.

Zum Inhalt: Zu Beginn kläre ich, was unter dem Begriff der (menschlichen) „Beziehung“ verstanden werden kann. Hier gehe ich auf das allgemeine Beziehungsverständnis und dessen Entstehung bei dem Philosophen Martin Buber ein. Mit diesem Wissen lassen sich die Ausführungen zu den acht herausgefilterten Merkmalen von Martin Bubers Beziehungsauffassung in *Das Dialogische Prinzip*, besonders der darin befindlichen Schrift *Ich und Du*, leichter nachvollziehen (Kapitel 3). Ich nehme an dieser Stelle bereits vorweg, dass meines Erachtens seine Beziehungsvorstellung den essenziellen Charakter von menschlichen Beziehungen in sich trägt und damit von mir als richtungsweisend für zwischenmenschliche Beziehungen angenommen wird. Martin Buber hat in seiner Schrift *Ich und Du* anthropologische Grundgedanken über Beziehungen zwischen Menschen formuliert, die heute in verschiedenen Fachrichtungen Anerkennung finden, z.B. in der Pädagogik, in der Psychologie und Philosophie – eben dort, wo das Dialogische der Menschen im Fokus steht (vgl. Casper 1995, S. 140f.).

Daraus wird deutlich, inwieweit der Begriff der „Kommunikation“ (Kapitel 4) damit verbunden ist. Besonders die Probleme und Möglichkeiten der Kommunikation in diesem Kapitel verdeutlichen die Komplexität des menschlichen Miteinanders, ohne dass die Digitalisierung bereits mitgedacht ist.

Ich schließe mit einer Differenzierung der Begriffe „analog" und „digital“ an (Kapitel 5). „Analog“ und „digital“ werden von mir nicht als prinzipielles Gegensatzpaar behandelt, sondern als stufenweise Entwicklung. Ich spreche in diesem Buch eher von Offline- und Online-Beziehungen. Dies soll die von mir herausgearbeiteten acht Merkmale aus Dirk Baeckers Buch *4.0 oder Die Lücke die der Rechner lässt* nachvollziehbar machen (Kapitel 6). Dirk Baeckers Buch verwende ich deshalb, weil er sich kritisch mit der neuen Medienepoche auseinandersetzt und diese mit gesellschaftlichen Hypothesen verbindet. Die Lücke, die der Rechner lässt, bezeichnet das, was Menschen aktiv füllen müssen und können, weil Medien diese nicht überbrücken können. Diese Lücke ist meiner Meinung nach der heutige Nährboden für das In-Beziehung-Treten von Menschen. Da das Feld der digitalen Medien sehr groß ist, beschränke ich mich auf die Beziehung in den sozialen Netzwerken (Plattformen) (Kapitel 7) und bringe die Merkmale aus Bubers und Baeckers Werk zusammen. Dabei zeige ich, dass diese sich nicht ausschließen.

Berlin, April 2022

1. Warum die zwischenmenschliche Beziehung als Thema wichtig ist

Der Zweck der Beziehung ist ihr eigenes Wesen, das ist: die Berührung des Du. (Buber 2017, S. 67)

Beziehungen spielen im Leben eines jeden Menschen eine wichtige Rolle. Dabei kommt es nicht auf die Anzahl der Beziehungen, sondern oftmals auf die Qualität an. Diese Qualität schwingt im Zitat mit: Wir verbinden uns mit einem anderen Menschen, sodass wir uns gegenseitig (emotional) *berühren.* Es geschieht etwas zwischen uns und dem Anderen, sei es ein kurzer Blick, ein Lächeln oder ein spontanes Gespräch. Man kann *Berührung* daher auch mit *Kontakt* übersetzen. Wann haben Sie das letzte Mal eine Berührung dieser Art erlebt?

Martin Buber (1878-1965), ein jüdischer Religionsphilosoph, bemerkt und kritisiert zu Beginn des 20. Jahrhunderts bereits, dass der moderne Mensch sich vermehrt mit Inhalten und Dingen (dem *Es*) als mit Menschen (dem *Du*) beschäftigt. Mehr als 50 Jahre nach seinem Tod sind die Menschen in einem neuen Zeitalter der Kommunikation angekommen: dem Zeitalter der Digitalisierung (vgl. Otl 1991, S. 46). Der *Soziologe Dirk Baecker (*1955)* bezeichnet dieses in seinem Buch *4.0 oder Die Lücke die der Rechner lässt* als die vierte Medienepoche der Menschen (daher 4.0), die Epoche der elektronischen und digitalen Medien. Diese zeigt sich unter anderem an folgenden Zahlen: 76% der deutschen Gesamtbevölkerung kommunizieren online über sogenannte Instant-Messaging-Dienste wie *Whatsapp* (61%), wovon 80% der 14 - bis 29-Jährigen und 25% der über 60-Jährigen diese nutzen (vgl. D21-Digital-Index 2021, S. 21). In den Großstädten werden deutlich öfter digitale Kommunikationswege genutzt als auf dem Land (ebd., S. 13). Mehr als drei Viertel der deutschen Bevölkerung knüpfen und pflegen Kontakte in sozialen Netzwerken (ebd., S. 23). Mit wachsenden Nutzerzahlen spezifischer Gruppen (Alter, Bildung, Geschlecht, Berufstätigkeit) wachsen auch die Veränderungen und die damit verbundenen gesellschaftlichen Herausforderungen. Ein Lächeln wird durch ein Smiley, ein Blick durch ein „Like“ ersetzt. *Konstituiert die Digitalisierung eine neue Form von Beziehung zwischen Menschen?* Mein Anliegen ist es, mit diesem Buch zu zeigen, dass wir Menschen *grundsätzlich* die direkte leibhaftige Beziehung (offline) zu anderen Menschen der Beziehung im digitalen Raum (online) vorziehen, weil es zu unserem natürlichen Menschsein dazugehört. Das setzt voraus, dass wir Menschen Beziehungen aktiv gestalten wollen und dafür offen sind. Um diesen Standpunkt zu erläutern, beziehe ich mich auf die Kommunikationspsychologie, die Kommunikationswissenschaft, die Soziologie, die Medizin und letztendlich als Schwerpunkt die Philosophie.

Dieses Buch soll demnach einen philosophischen Beitrag zur Reflexion der möglichen Veränderungsgrade in zwischenmenschlichen Beziehungen durch die Digitalisierung leisten, um bedachter und selbstbestimmter im digitalen Raum agieren, besonders aber, um mit dem altbekannten Schwarz-Weiß-Denken über die Digitalisierung aufräumen zu können. Das *Entweder-Oder* wird ersetzt durch ein *Sowohl-als-Auch*. Was das heißt? Lesen Sie gern selbst und sprechen Sie mit anderen darüber, indem Sie sich auf dieses Buch *beziehen*.

2. Menschliche Beziehungen

Zwischenmenschliche Beziehungen werden besonders in Freundschaften, in der Familie und in Partnerschaften spürbar. Aber auch im Alltag, auf dem Weg zur Schule oder Arbeit und währenddessen spielen diese eine große Rolle. Man sieht andere Menschen – fremde wie auch bekannte, spricht mit ihnen und reagiert auf sie. Ohne die Anderen wären Menschen auf sich gestellt und müssten sich den Herausforderungen der Umwelt und des Lebens alleine stellen. Beziehungen sichern das menschliche Überleben. Der Zusammenschluss zu einer Gruppe ermöglicht eine Aufgabenteilung, einen Austausch, gegenseitige Anerkennung und Sicherheit. Man lernt, sich mit anderen auseinanderzusetzen, auf andere zu- und einzugehen und mit ihnen zu kommunizieren.

Beziehungen bedeuten daher nicht nur Erleichterungen im Leben, sondern sie erfordern auch kognitive Arbeit des Gehirns. Beziehungen sind komplex. Das spiegelt sich im Begriffsverständnis wider. Im Folgenden umreiße ich das Grundlegende an diesem Begriff, um danach auf den inhaltlichen Kern einzugehen, den nahezu alle Beziehungen gemein haben. Da Martin Bubers Beziehungsverständnis ein besonderes ist, erwähne ich biographische Einflüsse und die Bedeutung von *Zwischenmenschlichkeit*, welche im Kontext von seinen Schriften maßgeblich eine Rolle spielen.

2.1 Etymologie und Definition

„Beziehung“ stammt laut dem Historischen Wörterbuch ursprünglich von dem Verb „ziehen“, welches aus dem althochdeutschen „ziohan“ entstanden ist. Das Wort beschreibt eine Kraft, die etwas in bestimmte Richtungen zieht. Dies deckt sich mit der Grammatik des Begriffs:

„Be-ziehung“ ist ein substantiviertes Verb („ziehen“), das mithilfe des Präfixes „be-“ und des Suffixes „-ung“ gebildet wurde. Das Präfix „be-“ drückt in einer Substantivbildung aus, dass „eine Person oder eine Sache mit etwas versehen wird.“ Wortbildungen mit „-ung“ bezeichnen den prozessualen Charakter einer Handlung oder deren Resultat (vgl. Hoberg 2011, S. 213). Daher definiert der Duden den Begriff „Beziehung“ als „Verbindung oder Kontakt zwischen Einzelnen oder als innerer Zusammenhang, wechselseitiges Verhältnis.“ Im Wörterbuch der Gebrüder Grimm heißt es, dass „Beziehung“ verschiedenartig darauf verweist, dass man etwas *bezieht*, also in Besitz nimmt: zum Beispiel ein Musikinstrument oder ein Haus. Der Ausspruch „eine Tracht Prügel beziehen“ verweist darauf, dass das Wort „etwas beziehen“ auch im Sinne von „etwas erhalten“ verstanden werden kann. Es wird daraus deutlich: Beziehung bewirkt etwas.

Ausgehend von dieser kurzen Skizzierung des Wortes beinhalte die menschliche Beziehung laut dem Verhaltensforscher Robert Hinde meist mehrere Interaktionen (Handlungen) zwischen zwei Individuen. Diese reagieren auf- und verhalten sich zueinander. Vergangene als auch erwartete zukünftige Interaktionen beeinflussen jede einzelne Interaktion. Beziehungen seien daher dynamisch. „Interaktionen“ seien aufgrund spontan ausgelöster Faktoren oder Stimmungslagen zu erklären, während „Beziehungen“ familiär oder durch längerfristige Eigenschaften der Beteiligten zu bestimmen seien (vgl. Hinde 1993, S. 9f.). Ähnlich beschreibt der Soziologe Max Weber soziale Beziehungen, die ein „aufeinander gegenseitig eingestelltes und dadurch orientiertes Sichverhalten“ seien, welches Georg Simmel in seinen soziologischen Schriften auch als *Wechselwirkung* beschreibt (Prechtl/Burkard 2008, S. 80).

„Beziehung“ bezeichnet demnach einen sozialen Prozess zwischen mindestens zwei Menschen, die sich mithilfe einer Reihe von Interaktionen zueinander verhalten und damit gegenseitig aufeinander (ein)wirken. Aus den bisherigen Erläuterungen geht hervor, dass das, was durch diesen Vorgang *zwischen* Menschen entsteht, erst die Beziehung maßgeblich dynamisch gestaltet. Doch auch zwischen Mensch und Ding oder logischem Zusammenhang bestehen Beziehungen. In der Philosophie wird oft der Begriff „Relation“ verwendet.

2.2 Die philosophischen Begriffe „Beziehung" und „Relation"

Ich gebe in diesem Kapitel einen kleinen geschichtlichen Einblick in die verschiedenen Erklärungsversuche des Beziehungsbegriffs, welche die Komplexität des Begriffsumfanges verdeutlichen soll. Ziel ist es dabei weniger, die Leserschaft zu verwirren, als vielmehr zu zeigen, dass da, wo das Alltagsverständnis von Beziehung meist vorschnell endet, die Philosophie aufzeigt, welche Begriffsbreite und -tiefe darin steckt.

„Beziehung“ im philosophischen Sinn beschreibt zunächst eine bestimmte Kategorie, die den „Zusammenhang zweier Begriffe (als Subjekt-Objekt), zweier Dinge (als Ursache-Wirkung), zweier Bewusstseinsmomente (als Noesis-Noema) u. Ä. betrifft, die in ihrem räumlichen, zeitlichen, sachlichen und bedeutungsmäßigen Zusammensein aufeinander angewiesen sind und sich wechselseitig bestimmen" (Universal-Lexikon, 2012).

In der Zeit der Aufklärung um 1700 wurde die Frage nach dem Beziehungs- bzw. Relationsgefüge zunehmend interessant, weil man diese weniger nur durch göttliche Fügung erklären, sondern durch die eigene Verstandesleistung skeptisch bearbeiten konnte: Für den Empiristen *David Hume (1711-1776)* gibt es keine Erkenntnisse, die unabhängig von den eigenen Erfahrungen existieren. Beziehungen, lateinisch „relation", gibt es nur in der Wahrnehmung eines Subjekts. In *Ein Traktat über die menschliche Natur* (1739) beschreibt Hume im fünften Abschnitt zwei gebräuchliche Verwendungen des Begriffs. Erstens: Relationen beschreiben aufeinanderfolgende zusammenhängende Vorstellungen, die sich spontan in der Einbildungskraft entwickeln: Ein Gedanke erzeugt einen weiteren, sodass diese in Beziehung zueinander stehen. Zweitens: Relationen resultieren aus dem kriterialen Vergleich zwischen Gegenständen.[1] Aus dem Ergebnis des Vergleichs resultiert die Relation (Beziehung). Hume veranschaulicht den alltäglichen und philosophischen Gebrauch des Begriffs mit der Vorstellung von *Entfernung*: Philosophen bestimmen zum Beispiel eine Entfernung als Beziehung, die sich aus dem Vergleich mindestens zweier Gegenstände ergibt. Im herkömmlichen Sprachgebrauch, so Hume, dominiere das Verständnis, dass je größer eine Entfernung sei, je geringer die Beziehung sein müsse. Außerhalb der philosophischen Praxis stehen „Entfernung" und „Beziehung" im Gegensatz zueinander: Je entfernter Menschen voneinander sind, desto schwächer ist die zwischenmenschliche Beziehung (vgl. Hume 2013, S. 23)

In der Philosophie kann die Beziehung jedoch primär erst „durch jede Einschiebung eines neuen Mittelgliedes wesentlich [ge]schwächt" werden (ebd.). Dies sei beispielsweise nachvollziehbar bei den verwandtschaftlichen Beziehungen zwischen der eher entfernten Beziehung von Vettern im Vergleich zur eher für nah *gehaltenen* Beziehung zwischen Brüdern, auch wenn diese weit entfernt leben.

1 Zum Verständnis: Hume gebraucht das Wort „Gegenstände" scheinbar universal für alles, was ist, also auch für Menschen. Wahrscheinlich hat dies pragmatische und argumentative Gründe, so zum Beispiel, um bestimmte Begriffe wie „Subjekt", „Individuum", „Person", welche einen großen Bedeutungsumfang besitzen und kontrovers definiert werden, auszuklammern.

Menschliche Beziehungen außerhalb der Familie entstehen unter anderem durch Ähnlichkeit, Identität, Raum und Zeit, Quantität oder Konflikte. Dies zeigt, dass es eine Schnittstelle wie zum Beispiel gleiche Interessen und Probleme, der gleiche Herkunftsort, den gleichen Aufenthaltsort oder ähnliche Wünsche und Ziele zwischen Menschen geben muss. Für Hume sind jedoch Ursache und Wirkung „die Quelle aller Beziehungen des Interesses und der Pflicht, durch welche sich Menschen in der Gesellschaft gegenseitig beeinflussen und zueinander in das Verhältnis von Herrschaft und Abhängigkeit treten" (Hume 2013, S. 23).

Ludwig Wittgenstein (1889-1951) geht in seinen Texten davon aus, die Welt sei grundsätzlich logisch aufgebaut. Daher bestehe sie nicht aus einzelnen allein für sich stehenden Dingen, sondern aus Tatsachen. Dinge in der Welt tragen Bestandteile der Tatsache bereits in sich. Er behauptet, es gebe interne Beziehungen *und* Eigenschaften und externe Beziehungen *oder* Eigenschaften, wobei die externen Beziehungen die eigentlichen seien. Das Verhalten der Dinge (auch Sachen), also das Sachverhalten, sei die Verbindung untereinander. Dass sich Dinge oder Personen aufeinander beziehen, könne besonders durch die Sprache gekennzeichnet werden. Im Punkt 5.6 seiner Abhandlung beschreibt er die logisch sprachliche Beziehung zur Wirklichkeit radikal: „Die Grenzen meiner Sprache bedeuten die Grenzen meiner Welt." (Wittgenstein 1921, online). Die philosophische Disziplin der Logik versucht diese sprachlichen Beziehungen von Sätzen und Aussagen aufzuzeigen: Wenn *p*, dann *q* = Wenn *es regnet,* dann *wird die Straße nass.* Es gibt demnach eine logische Beziehung zwischen dem Regen und der nassen Straße.

Martin Heidegger (1889-1976) und sein *Schüler Karl Löwith (1897-1973)* beschäftigten sich neben vielen anderen Philosophen mit dem Sein des Menschen und dessen Rolle. Heidegger beschreibt in *Sein und Zeit* (1927) die Welt als Relationssystem, das sich erst im Denken der Menschen durch das Dasein und die Begegnungen mit anderen (Mitsein) konstituiert. Die Anderen stehen jedoch nicht dem Ich gegenüber (Ich vs. die Anderen), sondern das Ich ist den Anderen in vielem ähnlich. Das Ich ist demnach *unter* den Anderen (vgl. Heidegger 2006, S. 188). Heidegger unterscheidet „Mitsein" und „Mitdasein" der Anderen. Durch Ersteres entstehen Beziehungen. Letzteres beschreibt eine eher gleichgültige und fremde Haltung (ebd., S. 121). Wenn wir in der Welt sind, sind automatisch die Anderen mit da (Mitdasein). Das Dasein ist charakterisiert durch das, was jeder Einzelne (das Selbst) ge-braucht, betreibt, erwartet – dem Sorgen, welches weniger als mentaler Zustand, sondern mehr als Tätigkeit definiert wird (ebd., S. 119). Jeder Mensch ist jeden Tag darum bemüht, *etwas* zu „besorgen“ oder zu erledigen, sei es im Umgang in der Welt oder mit den Anderen (ebd., S. 168). Wir gehen zur Arbeit oder einkaufen, führen Gespräche, treffen uns mit Freunden, um etwas zu besprechen. Aus der Sorge um sich selbst erwächst im Mitsein die Fürsorge, weil wir uns nicht isoliert von anderen Menschen in der Welt bewegen. Wenn wir bereits unterwegs sind, dann können wir Erledigungen für andere gleich mit tätigen oder z.B. unaufgefordert etwas für Mitmenschen kaufen. Diese Fürsorge kann daher einen positiven wie auch negativen Charakter haben: Sie variiert zwischen den beiden Extremformen, der „einspringend-beherrschenden und der vorspringend-befreienden“ (Heidegger 2006, S. 121). Auch hier erscheint, wie bereits bei Hume erwähnt, die Abhängigkeit durch Ursache und Wirkung für Beziehungen zur Welt und den anderen Menschen maßgeblich, aber auch tückisch zu sein. So beschreibt Heidegger, dass die Menschen bei allen Sorgen um sich selbst und um die Anderen (Fürsorge) die Verwirklichung des eigenen Ichs nicht verfehlen dürfen. Wenn wir durch zu viele Erledigungen nicht mehr zur Reflexion des eigenen Denkens und Fühlens gelangen, dann übernehmen wir vieles von außen. Das Ich wird zu einem „Man“, das die alltägliche Öffentlichkeit widerspiegelt und daher leer bleibt:

> Wir genießen und vergnügen uns, wie *man* genießt; wir lesen, sehen und urteilen über Literatur und Kunst, wie *man* sieht und urteilt; wir ziehen uns aber auch vom »großen Haufen« zurück, wie *man* sich zurückzieht; wir finden »empörend«, was *man* empörend findet. Das Man, das kein bestimmtes ist und das Alle, obzwar nicht als Summe, sind, schreibt die Seinsart der Alltäglichkeit vor. (Heidegger 2006, S. 126f.)

Dieses Zitat scheint zu kritisieren, dass Beziehungen durch eine bestimmte Lebensart zunehmend drohen, oberflächlich zu werden und von kurzer Dauer zu sein. Scheinbar sind die Anderen lediglich mit *da*, aber wir sind nicht mit *den Anderen*.

Heideggers Schüler Löwith fiel auf, dass Heidegger dies in mancher Hinsicht nicht umfangreich durchdacht hat. Löwith schrieb in seiner Habilitationsschrift (1927) über das Wesen des Menschen als Mitmensch. Im ursprünglichen *Miteinanderleben* und *Miteinandersein* gibt es bei Löwith keine Welt, die das Dasein als primär funktional (Ursache und Wirkung, Be-sorgen) kennzeichnet, wie Hume und Heidegger es beschrieben haben. Vielmehr können Menschen sich als Individuum zwar auf die eigene Individualität besinnen und zurückziehen, aber sie sind in ein *natürliches Miteinander* (Sprache, Zeichen und Kultur) geboren, wachsen darin auf und leben darin. Es gibt keinen Menschen, der dadurch nicht in Verbindung mit anderen steht (vgl. Danzer 2011, S. 136). Menschen werden demnach durch das Miteinander, die Beziehungen mit anderen, geprägt.

Die Sozialphilosophie verbindet „Beziehung“ mit dem Begriff der „Anerkennung“. „Anerkennung“ bezieht sich auf die wechselseitige Bejahung von Personen oder deren Eigenschaften auf der Basis von deren Kenntnisnahme und dem damit verbundenen Respekt (vgl. Gosepath/Hinsch 2010, S. 28).

Wie dieses Kapitel gezeigt hat, wird der Begriff „Beziehung“ („Relation“) sowohl auf real existierende Menschen und Gegenstände, aber auch auf abstrakte Begriffe wie Gedankenzusammenhänge oder logische Verhältnisse (z.B. Sprache) bezogen. Daher ist es wichtig, im Folgenden von der (zwischen)menschlichen Beziehung zu sprechen. Man kann an dieser Stelle festhalten, dass wir bereits in ein Beziehungsgefüge geboren werden, in dem wir auf andere und andere auf uns reagieren. In diesem Sinne wirken wir Menschen gegenseitig mit unserem Verhalten aufeinander. Diese Art von Wechselwirkung prägt das Miteinander. Hierbei spielt eine Rolle, ob wir uns selbst im Miteinander verwirklichen können oder ob wir lediglich nach öffentlichen bzw. allgemeinen Vorstellungen agieren und reagieren. Warum wählen wir einen bestimmten Beruf, machen einen bestimmten Lebensplan oder haben gewisse Meinungen?
Das Ursache-Wirkungsgefüge zwischen Menschen ist jedoch weniger berechenbar als in den Naturwissenschaften. Ich kann mit dem selben Verhalten verschiedene Reaktionen von Menschen erfahren. In diesem Sinne zeigen sich die verschiedenen Prägungen der Menschen, die in den ersten Lebensjahren erfolgen.

Der Philosoph Martin Buber wurde durch den jüdischen Glauben, aber auch durch das Verhalten der eigenen Mutter und der Großeltern geprägt. Er erlebte in seinen zwischenmenschlichen Beziehungen sowohl fehlende Anerkennung als auch gegenseitige Bejahung der anderen Person und die dialogische Beziehung zwischen Menschen und zwischen Menschen und Gott.

2.3 Einflüsse auf Martin Buber

Biographisches

In Martin Bubers (1878-1965) frühen Kinderjahren wurden neue wissenschaftliche Wege eingeschlagen. In jener Zeit in der der kleine Martin Buber in Wien aufwuchs, wurde die Beschreibung der Realität aus wissenschaftlicher aber auch philosophischer Sicht aus verschiedenen Konstrukten und Ideen hergeleitet. Der sogenannte Positivismus als das konkrete Wahrnehmen, das detaillierte Verstehen und das Überführen der Welt in Formeln, Zahlen und Werte, führte damals laut Casper dazu, dass viele Menschen diese eingeschränkte wissenschaftliche Sicht auf die Welt nicht verstanden. Zufälle, Wunder oder Unerklärliches hatte in dieser Weltauffassung keinen Platz mehr (vgl. Buber 1995, S. 133). Das führte dazu, dass Buber im Laufe seines Lebens zunehmend die Nähe von Personen und deren Ideen suchte, die dem Positivismus etwas entgegenzusetzen wussten. Das Leben musste doch aus mehr bestehen, als die Wissenschaften erklären konnten. Im Alter von drei Jahren geschah etwas, was Gelehrte nicht erklären konnten. Er bekam ein Gefühl von Beziehungen und deren Ausmaß auf das Gelingen oder Verfehlen des menschlichen Miteinanders zu spüren: Seine Eltern trennten sich. Der kleine Buber verließ Wien und zog zu seinen Großeltern ins polnische Lemberg. Erst 30 Jahren nach der Trennung sah er seine Mutter wieder. Er konnte ihr nicht mehr in die Augen schau en, ohne das Geschehene zu vergessen. Obwohl diese Frau seine Mutter war, war sie eine Fremde. Buber schreibt: „Ich vermute, dass alles, was ich im Lauf meines Lebens von der echten Begegnung erfuhr in jener Stunde [...] seinen Ursprung hat." (Buber 1986, S. 11).

Das erste Wiedersehen mit seiner Mutter war ein negatives Beispiel, wie durch Befangenheit der Menschen Begegnungen verfehlt werden und Beziehungen scheitern. Obwohl Buber die tragischen Erlebnisse durch die Scheidung seiner Eltern immer wieder beschäftigten, wuchs er in einem wohlhabenden, behüteten und gebildeten humanistischen Umfeld auf. Mithilfe des erteilten Privatunterrichts bis zum 10. Lebensjahr stellte sich früh heraus, dass Buber sprachbegabt war. Durch seine Großmutter Adele entwickelte er zusätzlich eine Leidenschaft für Sprache, für Worte und für die Literatur. Mit ihrer Hilfe lernte er konzentriert zu lesen und die Bedeutung des gesprochenen Wortes zu ermessen (vgl. Aretz 2015, S. 14). Diese Lesemethode und die intensive Konfrontation mit verschiedenen Welt-Inhalten bewirkten, dass der junge Buber vertieft über die Zusammenhänge der Welt nachdachte. Immer wieder beschäftigten ihn kleine und große Fragen des Lebens und des Universums. Bubers Großvater Salomon Buber, ein Geschäftsmann und jüdischer Aufgeklärter, lehrte, wie die Regeln der Tora in den Alltag integriert und neu interpretiert werden konnten. So begegnete Buber in frühen Jahren dem Chassidismus. Später deutete und überlieferte Buber chassidistische Schriften, was seinem Bekanntheitsgrad zugute kam. Das hebräische Worte „Chassid" bedeutet: Der Fromme, der sich von der Welt nicht abwendet, sondern den Menschen zuwenden will. Darin fand Buber später einen neuen Zugang zum Glauben, der ihn mit 26 Jahren dazu bewog, sich von der zionistischen Bewegung, die zunehmend politischen Charakter hatte, zu lösen. Der Zionismus unter Theodor Herzl forderte aufgrund des erlittenen Antisemitismus einen eigenen Staat in Palästina. Es ging Buber in seiner Deutung der Religion jedoch nicht um Politik, sondern um die Freude am Hier und Jetzt und die Freude zu jeder einzelnen Stunde an der vorhandenen Welt (vgl. Linden 1995, S. 5). Daraus sollte ein neues Selbstbewusstsein für eine neue Generation junger Juden entstehen, die sich den alten Traditionen ab- und der Welt zuwandten (vgl. Mendes-Flohr 2022, S. 48).

Zeit seines Lebens war ihm wichtig, das Göttliche im Alltag der Menschen zu finden, anstatt es außerhalb der Menschen in einer fiktiven Gestalt oder strengen Riten zu suchen. All das führte ihn zu einer besonderen Auffassung von Religion. In *Zwiesprache* (1932) schreibt Buber: „Ich besitze nichts mehr als den Alltag, aus dem ich nie genommen werde. [...] Ich kenne keine Fülle mehr als die Fülle jeder sterblichen Stunde an *Anspruch* und *Verantwortung*. Weit entfernt, ihr gewachsen zu sein, weiß ich doch, daß ich im Anspruch angesprochen werde und in der Verantwortung antworten darf [...]. Wenn das Religion ist, so ist sie einfach alles, das schlichte gelebte Alles in seiner Möglichkeit der Zwiesprache." (Buber 2017, S. 158, Hervorhebung A.K.). Für Buber war die Form der Ansprache und der Antwort in der Welt, das, was Religion auszeichnet und nichts Übernatürliches. Ansprache und Antwort ist nur möglich, wenn ein Du gegenwärtig da ist, das das Ich anerkennt. Diese Form der Beziehung erlebte Buber auf dem Landgut seines Vaters Carl, wenn er dort Zeit verbrachte. Dem Vater war es wichtig, dass alle angestellten Menschen des Gutes als Personen angesprochen und ebenso die Tiere als ein Gegenüber anerkannt und somit gerecht und respektvoll behandelt wurden. Wenn Martin Buber seinen Vater nicht direkt in Beziehung mit Menschen erlebte, erzählte dieser Geschichten von Begegnungen mit anderen Menschen, vom „[...] Dasein menschlicher Kreaturen und was sich ihnen begibt [...]" (Wehr 1980, S. 20). Carl Buber war ein äußerst fürsorglicher und engagierter Mann, der ebenso den Armen und Bedürftigen auf Augenhöhe begegnete und ihnen so das Gefühl gab, anerkannt und gesehen zu werden.

Als Buber 1896 mit seinem Studium begann, war er fasziniert von dem erlebten Dialog, der die Art des Studiums kennzeichnete. Auch in seiner Studienfächerwahl ist seine Leidenschaft für Literatur und Sprache erkennbar: In Wien, Leipzig und Zürich studierte er Philosophie, Germanistik und Psychologie (vgl. Buber 1995, S. 132). 1899-1901 besuchte er Lehrangebote von Georg Simmel, Ernst Bloch und Wilhelm Dilthey. Wilhelm Wundt hatte ebenfalls einen großen Einfluss auf ihn. Buber las Friedrich Nietzsche, Ludwig Feuerbach, Immanuel Kant und Sören Kierkegaard. Die Schriften der Ärzte und Mystiker Paracelsus und Angelus Silesius und des Philosophen Jakob Böhme faszinierten ihn. Regelmäßig ging Buber ins Wiener Burgtheater, wo er sich seiner Leidenschaft für das Hören von gesprochener Sprache hingab und deren Ästhetik genoss. Auch die musikalische Ästhetik war in seinen Leipziger Studienjahren durch Johann Sebastian Bach von besonderer Bedeutung. Aretz schreibt: „Martin Buber war zuallererst ein Hörender, einer, der aus einem tiefen Grundton heraus dachte, handelte und sprach." (Aretz 2015, S. 22).

Dass der zurückhaltende Buber gut situiert aufwuchs, hat auf der Seite der Bildung einen maßgeblichen Grundstein gelegt, auf der sozialen Seite erscheint dies jedoch eher als Hindernis. So berichtet Wehr, der seine Aussagen auf Gordon und den Buber-Sohn Rafael stützt, dass Martin Buber als Kind eigentlich nie spontan auf andere Kinder zugehen konnte, er nie gelernt habe, ein Ei zu braten oder aufzuräumen. Auch wurde Buber bis zu seinem 16. Lebensjahr von einem Diener begleitet. Er habe nie kindlich gespielt und Dinge getan, die verboten waren. Deshalb hatte Buber als Vater für kindliche Grenzüberschreitungen und Spiele kaum Verständnis, was sein Sohn später zu spüren bekam (vgl. Wehr 1980, S. 21f.). Es liegt die Vermutung nahe, dass Buber zeitlebens ein Mann war, der sich in der gedanklichen Auseinandersetzung die alltäglichen spontanen Begegnungen, Beziehungen und Dialoge mit dem Du erarbeiten musste, weil es zunächst nicht in seiner Natur lag. Auch die frühe Trennung der Eltern und das Desinteresse seitens seiner Mutter trug womöglich dazu bei, dass Buber sich diesen Themen widmete, um das Geschehene verstehen und einordnen zu können. So berichtet er, dass er anhand seiner Erfahrungen etwas Grundsätzliches vermute, was alle Menschen anging (vgl. Buber 1986, S. 10). Dem wollte er mithilfe seiner Lehrer auf die Spur kommen.

Lehrer

Wilhelm Dilthey (1833-1911) war es wichtig, das menschliche Miteinander zu betonen, welches die Geschichte konstituiert. Nur in der Rückschau könne die Wissenschaft jedoch Rückschlüsse über Lebenserfahrungen ziehen, welche die jeweiligen Sitten und Traditionen herausgebildet haben. Das Leben selbst sei laut Dilthey wissenschaftlich einfach nicht fassbar. Denn es gestalte sich durch ein festes Beziehungssystem zwischen dem Ich, Sachen und anderen Personen. Abstraktionen, wie sie in der Philosophie bis dato stattfanden, könnten diese gegebenen Relationen nicht verändern. Die Relationen bestimmten das Leben selbst. Das Wissen über das Leben bleibt den Wissenschaften laut Dilthey verschlossen (vgl. Dilthey 1911, online, zweiter Abschnitt). Damit wertete er zu seiner Zeit den Begriff „Leben“ sozial auf, als ihn schlichtweg als biologisch zu charakterisieren, wie es zu dieser Zeit üblich war. „Wenn Buber überhaupt einen philosophischen Lehrer hatte, dann ist es Dilthey gewesen.“, so Casper (Buber 1995, S. 133). Buber war Diltheys Auffassung vom Leben sehr zugetan, weil er mit dieser anthropologisch der Religion nachspürte und er sie demnach als Ursprung allen wirklichen Lebens begriff.

Das Wort „Begegnung“ erhält durch die Schriften des philosophischen Volksschullehrers *Ferdinand Ebner* (1882-1931) und der Begriff des *Es* durch die Schriften von *Franz Rosenzweig* (1886-1929) für Buber eine zunehmend wesentliche Rolle.

Ferdinand Ebner litt zeit seines Lebens unter Depressionen und dem damit verbundenen Einsamkeitsgefühl: „Und doch gewann ich gerade in den wahrlich nicht geringen Qualen dieser Einsamkeit die Überzeugung, dass wir alle einmal – alle zur großen Zweisamkeit des Lebens erwachen werden, der wir unser Dasein danken.“ (Ebner 1965, S. 729). Ebner versucht sprachphilosophisch auf soziale Wechselwirkungen hinzuweisen. Der Mensch kann die Welt als sprechendes Wesen objektivieren. „Die Existenz des Ichs – und das Ich existiert im Selbstbewusstsein und im Wort ‚Ich bin‘ – hat die Existenz des Du und die Beziehung zu dieser Existenz im Glauben zur Voraussetzung.“ (Ebner 1963 Bd. I, S. 234). Ebner war der erste, so Casper, der den Terminus das „Du“ in einer seiner Schriften verwendet habe. Das Du manifestiere sich für Ebner hauptsächlich in der Sprache und im Glauben, besonders im Wort Gottes, welches *zwischen* Ich und Du wirke (vgl. Wojcieszuk 2010, S. 32). Aus der selbstbewussten sprachlichen Aussage „Ich bin“, welche erst durch das Bewusstsein eines anderen (Du) möglich ist, entsteht wohl für Buber das Potential der gesamtheitlichen Ichwerdung am Du dadurch, dass das Ich den Anderen als Du *anerkenne* und *anrede*.

Den Begriff „Es“, des Sächlichen, las Buber vermutlich bei dem Historiker und jüdischen Philosophen *Franz Rosenzweig*, so Casper. Es war Rosenzweig in seinem Werk *Stern der Erlösung* (1921) ein besonderes Anliegen, eine neue Art des Denkens zu statuieren, welches den Menschen in den Mittelpunkt rückt: Menschen sollten nicht losgelöst von der gegenwärtigen Zeit und losgelöst von den Mitmenschen in Systemen gedanklich agieren. Menschen sollen mit anderen Menschen zusammen und zwar in einer konkreten Situation denken und sprechen. Rosenzweig bezog sich unter anderem auf Nietzsche und Kant, um das Nichtwissen der rationalen Wissenschaft über das All in drei Teilen (Gott, Mensch, Welt) zu beschreiben (vgl. Rosenzweig 1921, S. 28). So schreibt Buber in dessen Nachruf, in dem er das von Rosenzweig verfasste Werk *Stern der Erlösung* bewundernd beschreibt: „Rosenzweig redet nicht über Anschauungen von Gott, Mensch und Welt, sondern über Gott, Mensch und Welt, ja man möchte auch noch dieses ‚über' loswerden und sagen, er rede zwischen ihnen — wie ein Dolmetsch redet." (Buber 1930, S. 520). Philosophie und Theologie treffen dynamisch in diesem Werk zusammen, um vom wirklichen Leben zu erzählen. Dieses „Bündnis mit der Philosophie" (ebd.) bestärkte Buber wohl auch in seinem Werk *Ich und Du*, sowohl philosophische als auch im dritten Teil des Buches theologische Aspekte miteinander in Beziehung zu setzen und nicht, wie er es von der Wissenschaft gewohnt war, auszuklammern. Jedoch sind die oben genannten Einflüsse nicht einschlägig bestätigt.[2]

Rosenkranz, den bald eine enge Freundschaft mit Buber verband, gründete in Frankfurt am Main im Jahr 1920 das Freie jüdische Lehrhaus, in dem Martin Buber eine Vorlesungsreihe über die *Gegenwart der Religion* hielt. Die Vorlesungsmanuskripte, die vor März 1923 entstanden, und die Anregungen mit dem damaligen Auditorium waren nach Casper der Grundstein für Bubers Werk *Ich und Du* (vgl. Buber 1995, S. 136). Es waren unter anderem auch diese Begegnungen, die Bubers Interesse an zwischenmenschlichen Beziehungen immer weiter wachsen ließen. Jedoch bemerkte er in seinen ersten Lehrveranstaltungen, dass ein aufrichtiger Dialog und eine Ich-Du-Beziehung nicht erzwungen werden konnte. Bubers Wunsch war es, dass die Studierenden echte Fragen stellten, jedoch rechnete er nicht damit, dass diese Forderung eine destruktive und aufgeregte Lernatmosphäre zur Folge hatte, die er nur schwer bändigen konnte

[2] Wojcieszuk schreibt: „Sein dialogisches Prinzip hat Buber unabhängig von Ebner und Rosenzweig entwickelt und viel früher angedeutet. Seine Schrift ‚Ich und Du' ist zwar 1923 erschienen, aber die erste Niederschrift war bereits 1919 fertig." (Wojcieszuk 2010, S. 95). Bernhard Casper meint dagegen, dass Buber schon 1919 die Vorschrift von Ebners *pneumatologischen Fragmenten* gelesen und dies Einfluss auf sein Werk gehabt habe. Er behauptet: „Genauso wichtig wie Ebners Schrift ist für die Vorgeschichte von ‚Ich und Du' jedoch Franz Rosenzweigs ‚Stern der Erlösung'. […] Rosenzweig kennt […] eine Ursprünglichkeit des Sachlichen, des Es. Historisch gesehen wurde Rosenzweig überdies zum ganz konkreten Anlass für Buber ‚Ich und Du'." (Buber 1995, S. 135f.). Casper gibt leider zu diesen Darstellungen im Nachwort keine Quellennachweise an. Wojcieszuk beruft sich auf Bubers *Geschichte zum dialogischen Prinzip* (1962). Es scheint problematisch, eine genaue Rekonstruktion der Einflüsse auf Buber darzulegen. Auch ist retrospektiv bekannt, dass manche Autoren konkrete Einflüsse von anderen Autoren nicht benannten oder abstritten, um die *eigene* entfaltete Idee bekräftigen zu können. Buber hielt sich zudem autobiographisch sehr bedeckt, da er immer als Gesprächs*partner* wahrgenommen werden wollte. Schreibt man über ihn, so wird er automatisch zum Objekt (vgl. Wehr 1980, S. 10).

(vgl. Mendes-Flohr 2022, S. 151). Buber war ein Lehrer, der von sich sagte, „[i]ch habe keine Lehre. Ich zeige nur etwas an der Wirklichkeit, was nicht oder zu wenig gesehen worden ist. Ich nehme ihn, der mir zuhört, an der Hand und führe ihn zum Fenster. Ich stoße das Fenster auf und zeige hinaus. Ich habe keine Lehre, aber ich führe ein Gespräch." (Buber 2017, Klappentext). Das waren die Lernenden nicht gewohnt. In diesem Zitat bahnt sich bereits Bubers besondere Beziehungsvorstellung an, die sich erst einmal von der heutigen unterscheidet.

Buber war es aufgrund seiner Prägung ein besonderes Anliegen, die für ihn spürbaren verbindenden Elemente in der Beziehung zu Gott auf die Beziehung *zwischen* Menschen zu übertragen und zu beschreiben. Paul Mendes-Flohr begründet dieses Verlangen Bubers damit, dass jeder Mensch erfahre, dass es

> […] im Lauf des Lebens zu fehlgeschlagenen Begegnungen komme und Ich-Du-Beziehungen scheiterten. Wachsam-sensibel hinsichtlich der Brüchigkeit menschlicher Verbindungen, sprach Buber vom ideologischen und psychologischen ‚Panzer', den wir Menschen unweigerlich anlegen, wenn es gilt, uns vor derlei unseligen Begegnungen zu schützen. (Mendes-Flohr 2022, S. 22)

Buber hatte laut Mendes-Flohr aufgrund seiner eigenen Erfahrungen einen besonderen Sinn für die Verletzungen der Menschen, die in zwischenmenschlichen Beziehungen entstehen. Der ideologische Panzer bezieht sich unweigerlich auf die Kriegserfahrung durch den Zweiten Weltkrieg, aber auch auf verschiedene Glaubensrichtungen, die sich in der Weltgeschichte einander immer wieder ausschließen. Martin Buber steht für eine universale Religionsauffassung im Sinne einer dialogischen Religion, welche kein *Entweder-Oder* beinhaltet (vgl. Friedmann 2002, S. 4). Er führte Gespräche mit dem Philosophen Martin Heidegger, einem ehemaligen NSDAP-Mitglied, um die geschichtliche Kluft zwischen Nationalsozialisten und Juden zu verringern. Jedoch scheiterte die „dialogische Versöhnung" (Mendes-Flohr 2022, S. 298) an den verschiedenen Erwartungen beider Gesprächspartner. Auch hier bemerkte Buber wieder, wie wichtig es ist, dass Menschen sich wirklich und unvoreingenommen begegnen. Zeit seines Lebens war er bemüht, Christen und Araber mit Juden, aber auch die Juden untereinander in einen fruchtbaren und verständnisvollen Dialog zu bringen. Er betitelte seiner Zeit die historisch organisierten Religionen als Feind der Menschen, da diese die Menschen in ein dualistisches Wahrnehmen und Denken führten. Dualismen wie Naturalismus gegen Anti-Naturalismus, menschliche Religionen und Ethik gegen autoritäre Religionen, wissenschaftlich-objektive Wahrheiten gegen subjektive-poetische Wahrheit und objektive Realität gegen subjektiven Ausdruck zwingen Menschen erst dazu, sich zuzuordnen und andere Menschen auszugrenzen (vgl. Friedmann 2002, xiv). Aber ebenso kritisch sah Buber es, wenn man sich aufgrund der Verletzungen durch andere nicht mehr in zwischenmenschliche Beziehungen begeben wollte, sich demnach einen „psychologischen Panzer“ zulegte. Diese negativen Folgen wollte er mit seiner Schrift *Ich und Du* durchbrechen und die Menschen implizit daran erinnern, wie wichtig es ist, ein Du vor sich zu spüren.

3. Menschliche Beziehungen bei Martin Buber

Den Begriff „Beziehung" nutzt Martin Buber vorrangig, um das aktuelle Beieinandersein von Menschen zu beschreiben. Für Buber geht der Begriff „Beziehung" in *Ich und Du* (1923) nie über situative Momentaufnahmen hinaus, in denen wir die tatsächliche Nähe eines anderen Menschen spüren können.

Nähe und Distanz

Was den Menschen nach Buber auszeichnet, ist, dass dieser grundsätzlich bereits in Beziehungen steht, bevor er sich mehr oder minder isolieren kann. Es ist die Bewegung *zwischen* Beziehung und (Ur)distanz, die das Menschsein bestimmt (vgl. Buber 1978, S. 11). Der Mensch sei das einzige Lebewesen, das die Umwelt als etwas von ihm getrenntes wahrnehmen und imaginieren kann. Ein Tier sei dagegen zum Beispiel der Gegenwart unterworfen (ebd., S. 13). Menschen können jedoch über die Gegenwart hinaus in die Vergangenheit und in die Zukunft denken. Sie können Bekanntes und noch Unbekanntes (z.B. Weltall) zu einem großen Ganzen verbinden (ebd., S. 15). Weil Menschen sich und die Welt in diesem geistigen Distanzierungsakt als etwas Einzelnes wahrnehmen, haben sie die Möglichkeit verschiedene Eigenschaften, Qualitäten und Quantitäten in der Welt zu erkennen und diese auf- und einzuteilen (ebd., S. 20). Von entscheidender Bedeutung ist, dass daraufhin ein In-Beziehung-Treten und eine synthetische Anschauung der Welt folge. Die Teile werden zusammengesetzt, daraus kann ein Mitsein und Miteinandersein entstehen. Durch den darauffolgenden Beziehungsakt resultiert laut Buber das eigentliche „Menschwerden in ihr" (ebd.). Buber glaubte an das, was zwischen den Menschen durch unvoreingenommene Gegenseitigkeit entstehen könne, unabhängig davon, wer sich gegenüberstehe. Das, was zwischen ihnen entstehe, könne von den Menschen nur gespürt, aber nicht erklärt oder initiiert werden. Darin sah er die Immanenz Gottes, die den Menschen zum Du leitet. An diesem Punkt kann man sich an Bubers Schriften stoßen – besonders als nicht religiöser Mensch. Die Dreieckskonstellation Gott-Mensch-Umwelt ist wesentlicher

Bestandteil von Bubers jüdischem Denken. Für mich ist es wichtig, die Mensch-Umwelt-Relation zu beleuchten, die ohne etwas Göttliches bestehen kann, woraus die Verantwortung für Handlungen direkt bei den Menschen zu suchen und zu finden ist.

Du und Es

Wie bereits erwähnt, können Menschen sich von der Umwelt distanzieren und diese als Mittel zum eigenen Zweck erkennen und gestalten (Es-Welt) oder darin in Beziehung treten (Du-Welt). Es gibt auf der Es-Seite Gegenstände, Werkzeuge, Wahrnehmungen, Vorstellungen, Empfindungen, Intentionen, Gedanken mit der Intention des Gebrauchens und Erfahrens. Auf der Du-Seite stehen Wesenheiten[3]. Wenn Menschen diese grundsätzlichen Worte „Du" oder „Es" aussprechen, daher auch von Buber *Grundworte* genannt, so ist der sprechende Mensch („Ich") immer enthalten. Durch ihn wird die Beziehung erst hergestellt. Daher gibt es Ich-Es-Beziehungen und Ich-Du-Beziehungen (vgl. Buber 2017, S. 9).

Ein Mensch kann für Martin Buber mit allem, zu dem er *Du* sage, in Beziehung treten. Begegnete man Pflanzen, Bäumen[4], Steinen und sogar Sternen, so könne der Mensch zwar keine Gegenseitigkeit erwarten, aber er stehe der bloßen „Reziprozität des Seins" gegenüber (Buber 1995, S. 120). Menschen spüren, dass ihnen etwas unmittelbar gegenüber existiert, sei dies nun belebt oder unbelebt. Man steht in Verbindung zur Natur. Ein Gedicht von Johann Wolfgang von Goethe verdeutlicht dieses Gefühl. Es lautet *An den Mond* (1778). Die Formulierung des Titels suggeriert eine personale Anrede in einem Brief. Die persönliche Anrede setzt sich durch das Gedicht fort, richtet sich ab Strophe vier an einen Fluss und ist immer an der Deklination der Verben zu erkennen. Das „Du", das in eckigen Klammern steht, habe ich zur Verstärkung der Du-Ansprache eingefügt:

---

[3] Für Buber kann alles zu einem Du werden, wenn Ich-Du mit dem ganzen Wesen gemeint und ausgesprochen ist. Da es in dieser Arbeit um menschliche Beziehungen geht, werde ich hauptsächlich Beziehungen zu einem „Menschen-Du" (Buber 2017, S. 20) darstellen.

[4] Buber verdeutlicht dies anhand der Betrachtung eines Baumes. Man kann ihn einer Gattung zuordnen, ihn in Teile wie den Stamm, die Äste, oder die Blätter etc. zerlegen und beschreiben, man kann ihn in einer Zahlenfolge einreihen, wenn man die Anzahl des Baumbestands ins Auge fasst, aber all das sei keine Beziehung. Wenn der Baum nur als Ganzes betrachtet würde und auf den Betrachter wirke, so stünden sie in Beziehung zueinander (ebd., S. 13f.).

An den Mond

[Du] Füll**est** wieder Busch und Tal
Still mit Nebelglanz,
[Du] Lös**est** endlich auch einmal
Meine Seele ganz;

[Du] Breit**est** über mein Gefilde
Lindernd **d**einen Blick,
Wie des Freundes Auge mild
Über mein Geschick.
[...]. (Goethe 2007, S. 58, Hervorhebung A.K.)

In Zeile sieben in der zweiten Strophe vergleicht er den Mond mit einem treuen Freund, der immer anzutreffen ist und über Goethes Schicksal wacht. An diesem Gedicht wird deutlich, was Buber meint, wenn er schreibt, dass Goethe den „reinen Umgang mit der Natur [pflegt]; sie ergibt sich ihm (Goethe) und spricht unaufhörlich mit ihm, sie offenbart ihm ihre Geheimnisse und verrät ihr Geheimnis doch nicht" (Buber 2017, S. 70). Man könnte nun einwenden, dass dieses Gedicht typisch für die Epoche der Empfindsamkeit ist. Man lässt damit außer acht, dass Goethe zeitlebens neben der Lyrik methodisch in verschiedene wissenschaftliche Bereiche (Mineralogie, Botanik, Physiologie, Alchemie, Physik) vordrang. Dabei hat er immer die *Beziehung* zwischen den verschiedenen Bereichen gesucht, berücksichtigt und damit das Allumfassende der Welt nicht aus den Augen verloren. Das große Ganze konnte er jedoch nicht fassen[5]. Das Du, der andere Mensch, ist in Beziehung ebenfalls gedanklich nicht fass- oder erklärbar, aber emotional berührbar. Alles, was vor oder nach der Beziehung geschehe, und was wir Menschen darüber denken, gehöre zur Es-Welt:

> Der Mensch, der eben noch einzig und unbeschaffen, nicht vorhanden, nur gegenwärtig, nicht erfahrbar, nur berührbar war, ist nun wieder ein Er oder Sie, eine Summe von Eigenschaften, ein figurhaftes Quantum geworden. Nun kann ich aus ihm wieder die Farbe seiner Haare, die sei-

[5] Weiteres zum Verhältnis Goethe und die Natur siehe Bollmann 2021 im Literaturverzeichnis.

> ner Rede, die seiner Güte holen; aber solang ich es kann, ist er mein Du nicht mehr und noch nicht wieder. (Buber 2017, S. 23)

Trotz dieser „Schwermut des Loses“ (Buber 2017, S. 22) konstatiert Buber in seinem Werk *Ich und Du* eine anthropologische Grundeigenschaft des Menschen: „Im Anfang ist die Beziehung.“ (ebd., S 33).

Beziehung

Der Mensch, der vor der Geburt in einer natürlichen Verbindung zur Mutter im Mutterleib stehe, besitze von Anbeginn seines Lebens bereits ein „eingeborenes Du“ (Buber 2017, S. 33). Dieses zeige sich im späteren Leben durch den Kontakttrieb, den (optische) Berührungen, Zärtlichkeiten und Begegnungen mit einem Gegenüber. Dieses ist auch im späteren Urhebertrieb zu finden, was dazu führe, dass Menschen Gegenstände zweckmäßig in Gebrauch nehmen und diese dann wiederum „personifizieren“ oder eine persönliche Beziehung zu diesen Gegenständen aufbauen (ebd.). Autos bekommen von uns einen Namen, Handys werden unsere täglichen Begleiter, auf die wir uns verlassen, wir schreiben Schmuckstücken einen ideellen Wert zu und lassen uns von Gemälden inspirieren.

Beziehung geschieht für Buber daher in drei Sphären: Dem Leben mit der Natur, dem Leben mit den Menschen und dem Leben mit geistigen Wesenheiten, auch der Geist des Künstlers in Kunstwerken sei hier eingeschlossen (ebd., S. 12). Das Verhältnis zwischen Distanz und Nähe (Beziehung) berücksichtigt diese Dynamik, die Buber für äußerst wichtig erachtet. „[O]hne Es kann der Mensch nicht leben. Aber wer mit ihm allein lebt, ist nicht der Mensch“ (ebd., S. 40).

Gegenseitige Bestätigung

Gegenstände können keinen Menschen in seinem Sosein bestätigen, denn sie existieren losgelöst von der jeweiligen einzigartigen Person. Sie reagieren nicht auf uns, weder im positiven als auch im negativen Sinn. Das Verhalten und die Beziehung zum Es bleibt einseitig. Und dennoch gestalten heutzutage viele Menschen ihr Leben vorrangig mit materiellen (Geld, Eigentum) und immateriellen (Abschlüsse, Status, Image) Gütern, weniger *mit* anderen Menschen. Die Folge ist, dass es vielen Menschen zunehmend schwerfällt, auf andere Menschen zuzugehen oder sich auf sie einzulassen. „Daß diese Fähigkeit [andere anzuerkennen] so unermeßlich brachliegt, macht die eigentliche Schwäche und Fraglichkeit des Menschengeschlechts aus“ (Buber 1978, S. 28).

Es gebe laut Buber zwei wesentliche Fundamente des „Mensch-mit-Mensch-Seins“ (ebd.), welches die bereits angesprochene Wechselwirkung verdeutlicht. Jeder Mensch hat zutiefst den Wunsch als der bestätigt zu werden, der er ist. Aber er sollte ebenso fähig sein, seine Mitmenschen im selben Sinne zu bestätigen (ebd.). Das dies nicht immer gelingt und Menschen sich aufgrund dessen verletzen, schwingt als mögliches Risiko von zwischenmenschlichen Beziehungen immer mit.

Im Folgenden stelle ich acht[6] wesentliche Merkmale der Beziehung aus seiner Schrift *Ich und Du* einzeln dar. Eine wichtige Anmerkung: Man bemerkt beim Lesen von Bubers Werken, dass er Wörter anders als im herkömmlichen Sprachgebrauch verwendet. Wichtig ist, dass man sich als Leserschaft hineindenkt und versucht Buber in seiner poetischen Denk- und Ausdrucksart zu verstehen.

3.1 Unmittelbarkeit: Es geschieht einfach

Buber schreibt, eine Ich-Du-Beziehung zeichne sich unter anderem durch *Unmittelbarkeit* aus. Darin steckt das Wort „Mittel“ als etwas, das die Beziehung generiert.

Ein Mittel könne ein Zweck, eine Gier, eine Phantasie, ein Vorwissen oder ein bloßer Begriff sein. Wenn dies der Antrieb sei, um auf ein Gegenüber zuzugehen, dann handelt es sich nach Bubers Auffassung per se nur um eine Ich-Es-Beziehung. „Unmittelbarkeit“ bedeute gerade, dass keinerlei Mittel gebraucht werden, um zueinander zu finden. Ohne Mittel kann eine Begegnung geschehen. Mit „geschehen“ meint Buber, dass der Mensch nicht danach suche (vgl. Buber 2017, S. 17).

Selbst der Wunsch, durch oder mit dem Gegenüber eine Erfahrung zu machen, sei ein Mittel. Es heiße, ich erfahre *etwas*. „Erfahrung“ leitet Buber von „fahren“ ab, daher sei dieser Begriff ausschließlich auf Dinge bezogen. Zusätzlich sei eine Erfahrung unabhängig von der Welt ans Innere des Menschen gebunden, da sie das Resultat seiner kognitiven Verarbeitung sei (ebd., S. 11).

Diese Unmittelbarkeit stiftet Gegenwart.

---

6 Diese Anzahl ist nicht festgeschrieben. Ich halte die acht gleichwertigen Merkmale für essentiell in Bubers Beschreibung über die Ich-Du-Beziehung. Es ist gut möglich, dass jemand anderes mehr oder weniger Merkmale aus dem Text dazu entnehmen würde.

3.2 Gegenwärtigkeit: Zeitlich verbunden

„Gegenwart" beinhaltet das Wort „warten", so sei die Gegenwart das *Gegenwartende* oder *Gegenwährende.* Nur ein gegenwartendes Du stifte Gegenwart (vgl. Buber 2017, S. 17ff). Aktion und Reaktion folgen direkt aufeinander und stehen in zeitlicher Verbindung zueinander. Hier kann nichts aufgeschoben, negiert, reflektiert, eingeordnet oder geplant werden.

Befasse sich ein Mensch mit Inhalten und Gegenständen (Es), die das Pendant zu Wesenheiten (Du) darstellten, so verbringe dieser Mensch Zeit mit präsenzlosem *Gewesensein.* All das, was demnach in der Ich-Es-Beziehung stattfindet, richtet sich auf die Vergangenheit und repräsentiert demnach Stillstand und Beziehungslosigkeit, so Buber (ebd.). Martin Buber zieht die Gegenwart (Ich-Du) nicht der Vergangenheit (Ich-Es) vor. Es sei entscheidend, sich in beide Sphären zu begeben und nicht in einer zu verharren. Hier sei an seine Haltung des *Sowohl-als-Auch* erinnert, damit man an diese Stelle nicht vorschnell urteilt.

3.3 Gegenseitigkeit: Auf Augenhöhe

Beziehung bedeutet Gegenseitigkeit. Diese Gegenseitigkeit zeige sich in der jeweiligen Hinwendung zum gegenwärtigen Du. Jeder in einer Ich-Du-Beziehung Stehende wirke auf sein Gegenüber, und das Gegenüber wirke auf ihn. Dies geschehe unabhängig von Alter, Beruf und sozialem Status oder Beschaffenheit der Wesenheit an sich. Dadurch, dass Menschen und Lebewesen sich als Wesen begegnen und anerkennen, könnten Schüler (im weiten Sinne auch außerhalb der Schule verstanden) lehren und Kinder, aber auch Tiere ihr Gegenüber erziehen[7] (vgl. Buber 2017, S. 21). Besteht eine Herrschen-Dienen-Konstellation, also eine Hierarchie, so sei die Gegenseitigkeit eingeschränkt, da das Wirken auf ein Ziel hin ausgerichtet sei. Bis auf diese Ausnahmen wirken alle anderen Menschen in einer Ich-Du-Beziehung auf ihr Gegenüber so, wie ihr Gegenüber auf sie wirke (ebd.). So ist sie laut Buber auch eine *wirkliche Beziehung.*

---

7 „erziehen" kann man hier in einem weiteren Sinne als geistig und charakterlich formen auffassen.

3.4 Wirklichkeit: Aufeinander wirken

Alles *wirkliche* Leben sei Begegnung (ebd., S. 16f.). Was steckt hinter dieser Aussage? Adjektive wie „wirklich", die mittels des Suffixes „-lich" gebildet werden, beschreiben eine Person oder eine Sache, die etwas macht (Duden online). Eine Person, die wirkt, sei demnach im Sinne Bubers „wirklich".

Stehe ein Mensch in Beziehung, partizipiere er somit an der Wirklichkeit, wie sie in diesem Sinne verstanden wird. Das Besondere an dem Wirken ist jedoch, dass es nicht beim Menschen verharrt. Wenn Menschen aufeinander wirken, so darf dies nicht aufgrund von Gefühlsregungen im Inneren des Menschen erklärt werden. Gefühle *hat* ein Mensch. Weil er Gefühle hat, können diese nur das Wirken begleiten, aber nicht begründen. Menschen können durch das welthafte Wirken der Liebe in Beziehung treten. Liebe wird von Buber als „Verantwortung eines Ichs für ein Du" verstanden, also als etwas, das zwischen Menschen geschieht, und die Fremdheit und Andersartigkeit aufhebe (Buber 2017, S. 21). An diesem Wirken könne der Mensch lediglich teilnehmen, denn es geschehe ohne willkürliches Zutun des Menschen (ebd., S. 20f.).

3.5 Teilnahme: Aktives Zuwenden

Teilnahme ermögliche demnach erst die Wirklichkeit. Buber erläutert auch diesen Begriff nicht im Detail. Ich verstehe darunter eine innere Beteiligung und das Interesse an dem andersartigen Gegenüber, die sich auf die Beziehung übertragen und auswirken. Wenn der Mensch diese Offenheit einem anderen Menschen gegenüber aufbringen kann, so kann er erst wirken. Die Teilnahme ist um so größer, je mehr Menschen sich ohne jegliche Absichten begegnen und die Wirklichkeit intentionslos zulassen (siehe 3.1 Unmittelbarkeit). Diese Teilnahme bleibt im Ich „lebendig bewahrt" (Buber 2017, S. 67), sodass Menschen, die aufrichtig an einer Ich-Du-Beziehung teilgenommen und gewirkt haben, immer wieder neu dazu fähig sind. Dieses dynamische Ablösen und Verbinden mit einem Gegenüber mache den Bereich der Subjektivität und den Menschen als Person aus (ebd.).

Ist die Teilnahme groß, so kann das Du in einer Ich-Du-Beziehung leibhaftig wahrgenommen werden.

3.6 Leibhaftigkeit: Lebenskräftig

Auch an dieser Stelle muss man die Begrifflichkeit aufmerksam durchdenken. „Leibhaftigkeit" ist etwas anderes als „Leiblichkeit". Leibhaftigkeit gibt es so in Bubers Werk nicht. In folgender Textstelle findet sich das Verb „leiben": „Kein Eindruck ist der Baum [das Du], kein Spiel meiner Vorstellung, kein Stimmungswert, sondern er *leibt* mir gegenüber und hat mit mir zu schaffen, wie ich mit ihm – nur anders." (Buber 2017, S. 14; Hervorhebung durch AK).

Für mich ist es wichtig, das Merkmal „Leibhaftigkeit" gesondert anzuführen, weil es sich vom alltäglichen Verständnis abhebt und in meiner Auffassung Bubers Anliegen entspricht.

In *Leibhaftigkeit* steckt das Wort „leib" aber ebenso „leb". Das Substantiv „Leib" oder das Verb „leiben" wird oftmals als Körper bzw. körperhaft verstanden, so die Gebrüder Grimm. Im Goethe-Wörterbuch wird „leibhaftig" (meint „in lebendiger Gegenwart") und „leiblich" (meint „körperlich") unterschieden. Die Gebrüder Grimm wiesen „leibhaftig" die Bedeutung „Leben haben oder lebenskräftig zu sein" zu.

In einer Ich-Du-Beziehung ist es nicht von Bedeutung, dass das Du körperlich beschaffen ist. Ich denke, dass Buber *leibt* im Sinne von *leibhaftig* also in *lebendiger Gegenwart* meint.[8] Bloße körperliche Anwesenheit bedeutet weder Teilnahme noch Wirklichkeit. Das Ich muss das Du in seiner Leibhaftigkeit erst erkennen, sodass sich ihm das Wesen erschließt.

3.7 Wesenhaftigkeit: Ganzheitlich sein

Der Begriff „Wesen"[9] wird von Buber häufig in *Ich und Du* gebraucht. Ähnlich wie im vorherigen Kapitel trifft dieses Wort nicht ganz den Kern von Bubers Auffassung. Somit habe ich mich für den Begriff „Wesenhaftigkeit" entschieden. Warum spiegelt dieser Begriff das Merkmal einer Ich-Du-Beziehung den Gehalt möglicherweise besser wider? Buber schreibt, der Mensch kann immer nur einer Wesenheit begegnen (vgl. Buber 2017, S. 37). *Wesenheit* bedeutet unter anderem auch „Natur, Wesensart, Eigenheit", so die Gebrüder Grimm. Es gibt verschiedene Arten und Eigenheiten. Dies muss demnach nicht zwingend den

---

8 Im Goethe-Wörterbuch wird im Eintrag zum Verb „leiben" auf die Wendung wie *jemand leibt und lebt* verwiesen, welche zur Intensivierung der Aussage gebraucht wird. Dies unterstützt meine Interpretation des Wortes „leibt".

9 „Wesen" wird als Da-Sein oder Existenz beschrieben (Grimm-Wörterbuch).

ganzen Menschen widerspiegeln. *Wesenhaftigkeit* verstanden als „Wesensgehalt", bezieht sich meines Erachtens ganzheitlicher auf das Wesen. Wieso ist die Ganzheit entscheidend? In einer Ich-Du-Beziehung kann der Mensch nur ganzheitlich in seinem Wesen wahrgenommen werden. Das Ich fokussiert nur das gegenüberstehende Du. Der Mensch kann dieses Du nicht mehr vergleichen oder es in Einzelheiten wie Farbe, Form, Zahl aufteilen. In einer Beziehung ist das Du als ganzes Wesen „nachbarnlos und fugenlos" (ebd., S. 14). Daher könne das Grundwort *Ich-Du* nur mit dem ganzen Wesen gesprochen werden (ebd., S. 9). Nur wenn ein Mensch (als Ich) mit allem, was er ist, *Du* sagt, so meint er den Anderen, wie er ist, in Gänze. Ich und Du können sich frei als das begegnen, was und wer sie sind.

3.8 Freiheit: Aus freien Stücken

Als letztes Merkmal nenne ich die Freiheit. Sie ist die, welche den Menschen erst in die Lage versetzt, anderen zu begegnen und sich in eine Ich-Du-Beziehung begeben zu wollen. Begegnungen, so Buber, stellen das Gegenteil der geordneten Es-Welt dar. Begegnungen seien unvorhersehbar und geschehen unzuverlässig. Sie seien nicht von Dauer und können nicht fortbestehen. Sie seien grenzenlos, sodass der Mensch sie nicht fassen und festhalten könne. Begegnungen seien ebenfalls verschiedengestaltig. Es kommt demnach immer darauf an, dass man sie *erkennt*. Buber schreibt, man ist einsam mit dieser Du-Welt, denn sobald man sich mit anderen darüber austausche, darüber nachdenke oder diese einordnen wolle, sei sie nicht mehr präsent. In Begegnungen stecke ein magischer Moment, der den Menschen für ihr jeweiliges Leben nichts bringe, sie aber an etwas Größeres wie die Ewigkeit heranführe (vgl. Buber 2017, S. 37f.). All das zeige laut Buber, dass das Ich und Du *nicht* aufgrund von kausalen Zusammenhängen zueinander finden.

Wo keine Ursächlichkeit herrsche, so Buber, könne sich der Mensch erst frei entscheiden. Er sei nicht durch Gründe, Normen oder Gesetze eingeschränkt. Ich und Du stünden sich in ihrem Wesen und ihrem gegenseitigen Wirken in dieser Welt frei gegenüber. Menschen, die diese Ich-Du-Beziehungen kennen, seien frei im Gegensatz zu denen, die ihr Dasein grundlegend in der Es-Welt verbringen. Sie kennen das Du nicht und können sich nicht aus der Ursächlichkeit ihres Wahrnehmens und Denkens befreien und sich demnach frei auf ein Du einlassen. (ebd. S. 62f.). Das bedeutet nach meiner Auffassung, gerade nicht nach dem Wann, Warum und Wofür einer Beziehung zu fragen.

Das hieße auch, die Begegnung zu wollen, ohne sich vorher dafür bewusst entschieden zu haben. Buber resümiert: „Wer mit gesammeltem Wesen, mit auferstandener Beziehungskraft zu ihr [Du-Welt] ausgeht, wird der Freiheit inne. Und, vom Glauben an die Unfreiheit frei werden, heißt frei werden.“ (Buber 2017, S. 62f.).

3.9 Zusammenfassung, Problemstellung und Kritik

Die Verwirklichung einer Ich-Du-Beziehung nach Bubers Auffassung ist sehr anspruchsvoll. Das wusste Buber, wie beschrieben, aus eigener schmerzlicher Erfahrung. Doch, dass Ich-Du-Beziehungen möglich sind, also die Qualität der zwischenmenschlichen Beziehung zeitweise für Menschen spürbar ist, ließ ihn daran festhalten.

Menschen stehen seiner Meinung nach in Beziehung, wenn sie in teilnehmender Haltung (Teilnahme) ohne irgendwelche Mittel zweckfrei (Unmittelbarkeit), gegenwärtig (Gegenwärtigkeit) und gegenseitig (Gegenseitigkeit) aufeinander wirken (Wirklichkeit), um sich aus freiem Willen (Freiheit) leibhaftig (Leibhaftigkeit) in ihrem ganzen Wesen (Wesenhaftigkeit) so anzunehmen, wie sie sind. Wie deutlich wurde, versteht Buber die Beziehung nicht als eine dauerhafte Verbindung, gestiftet durch Interaktionen, wie sie von Soziologen beschrieben wird.

Für ihn ist die menschliche Welt in Ich-Du-Beziehungen und Ich-Es-Beziehungen zweigeteilt, zwischen denen wir uns im besten Fall immer wieder hin- und herbewegen. Die Ich-Du-Beziehung ist eine, welche durch Wesenhaftigkeit entsteht, wenn sich z.B. Menschen für einen Moment spontan und frei aufeinander *beziehen*. Die Ich-Es-Beziehung, in der erfahren und gebraucht wird, stellt das objekthafte Pendant dazu dar. Der Mensch bewahre sich aber nur mit der Beziehungskraft zum Du den unerklärlichen Reiz des Lebens:

> Du-Momente erscheinen als wunderliche lyrisch-dramatische Episoden, den erprobten Zusammenhang lockernd, mehr die Frage als Zufriedenheit hinterlassend, die Sicherheit erschütternd, eben unheimlich, und eben unentbehrlich. (Buber 2017, S. 39)

Kann man annehmen, dass diese Du-Momente aufgrund ihres unwillkürlichen Charakters in der modernen Zeit und der Fülle an Eindrücken den Menschen zunehmend überfordern? Laut Buber ziehen sich Menschen dadurch in die scheinbar kontrollierbare Es-Welt zurück. So gibt es nicht nur auf den einzelnen Menschen bezogen, sondern auf die ganze Menschheit gesehen, eine Zunahme der Es-Welt (Kultur- und Technikentwicklung). Dadurch, dass der Mensch von ihr zunehmend Gebrauch mache, könne er sie einerseits für verschiedene Zwecke einsetzen, sodass sie ihm das Leben in vielen Bereichen erleichtere. Immer mehr Fähigkeiten würden ausgebildet, welche die Welt erfahrbarer und nutzbarer machten. Andererseits schwindet jedoch damit die Beziehungskraft des Menschen, mahnt Buber (ebd., S. 41f.). Der menschliche Macht- und der Nutzwille, die damit einhergingen, seien nicht per se schädlich, sondern sogar naturmäßig und rechtmäßig, solange der Beziehungswillen und das Wesen miteingeschlossen seien (ebd., S. 52).

Es wird somit noch einmal deutlich, dass Martin Buber für das gemeinsame Leben der Menschen kein *Entweder-Oder*, keinen Ausschluss, sondern ein *Sowohl-als-Auch* fordert.

So wichtig und aufschlussreich Bubers Gedanken sind, sind sie auch kritikwürdig.[10]

So hat Bubers Freund Franz Rosenzweig in einem Brief Kritik an den Überlegungen geübt. Zwei Punkte möchte ich daraus näher erläutern, weil diese auch für das 21. Jahrhundert von Bedeutung sind. Rosenzweig gibt zu bedenken, dass Buber das wirkliche Leben nur auf die gegenwärtige Beziehung zwischen Ich und Du verenge. Wenn das wirkliche Leben aber nicht bewusst von dem Ich und dem Du konstituiert werden könne, da Begegnungen laut Buber einfach geschehen, dann müsse es noch *etwas* außerhalb geben, das dazu führe, dass Ich und Du sich treffen. Das Es habe also nicht nur in der Gedankenwelt des Ich einen Platz, sondern es dehne sich lebendig auf die Welt aus. Das Es kann man Gott, Schicksal, Natur, Zufall oder dergleichen nennen. Wichtig ist für Rosenzweig: Es müsse etwas geben, das noch da sei und das außerhalb eines Beziehungsmoments existiere und somit ebenso wichtig für das Zusammenleben für Ich und Du sei (vgl. Casper, S. 227f.). Der zweite Kritikpunkt Rosenzweigs betrifft Bubers Reduzierung der Beziehung auf die Gegenwart. Diese scheint ohne Vergangenheit und Zukunft zu existieren. Buber leugnet demnach, dass das Ich wie auch das Du in einer Vergangenheit und eine Zukunft bereits eingebettet sind. Es ist schlichtweg nicht nachvollziehbar, dass Menschen in einer zeitlichen Schwebe miteinander in den Dialog treten. Rosenzweig schlägt mehrere Grundworte vor. Eines davon ist das Wir-Es, denn wir sprechen *gemeinsam* in einer bestimmten Zeit über etwas, was hinter uns oder vor uns liegt. Erst das Wir konstituiert die Welt in einem gemeinsamen Dialog

[10] Das bestätigt Buber selbst mit seiner jahrzehntelangen Korrektur und Ergänzung. Er ging immer auf die Fragen und Kritiken anderer Menschen ein.

(ebd., S. 231). Zusammen entwickeln wir Ideen, zusammen verstehen und lösen wir Probleme besser als alleine. Durch dieses zwischenmenschliche Miteinander und nicht Gegeneinander oder Nebeneinander entsteht ein Gemeinschaftsgefühl. Das Es, also z.B. Inhalte, Gedanken, Erfahrungen, ist ein wesentlicher und wichtiger Bestandteil, der uns mit der Welt und mit anderen wieder verbindet. Ohne Es ist es fraglich, worüber sich Menschen unterhalten sollen, wenn sie sich begegnen.

Die Kritikpunkte von Rosenzweig berücksichtigend interpretiere ich in Bubers Gedanken eine Quintessenz der Beziehungsauffassung: Meiner Meinung postuliert er, dass Menschen nicht nur den Kontakt zu einem Gegenüber suchen sollen, weil sie sich von diesem lediglich etwas für sich versprechen. Was Buber von den Soziologen demnach unterscheidet, ist, dass er die menschliche Beziehung nicht nur objektiv beschreibt. Mit der Ich-Du-Beziehung formuliert er neben phänomenologischen Betrachtungen in gewisser Weise auch eine normativ wünschenswerte Form der Beziehung. Die Menschen sollen *wirklich* miteinander und nicht *nebeneinander* oder nur zweckmäßig miteinander reden und leben. Wir sollen (zufällige) Begegnungen und Gespräche begrüßen. Obwohl Martin Buber einräumt, dass der Begriff „Beziehung“ in vielen Kontexten verschiedenartig durch Begriffe wie „Begegnung“, „Kontakt“, „Kommunikation“ konkretisiert werden kann, so braucht es seiner Meinung nach den Begriff der „Beziehung“, um gerade das sprachliche Aufeinander-Beziehen durch das „Du-Sagen“ hervorzuheben (vgl. Buber 1978, S. 49).

4. Kommunikation

Die Kommunikation erhält einen wichtigen Stellenwert in zwischenmenschlichen Beziehungen, denn schon immer hat die Sprache Menschen miteinander verbunden und deren Beziehungen gestaltet. Menschen nehmen die Welt sinnlich wahr, aber erst die gedankliche Verarbeitung der Wahrnehmungen bedingt, dass Menschen Zeichen und Symbole zur Verständigung untereinander schaffen (vgl. Cassirer 1923, S. 18).

4.1 Etymologie und Definition

Der Begriff stammt laut Duden vom lateinischen Wort „communicare“, welches gemein machen, vereinigen oder mitteilen bedeutet.

Wichtig zu betonen ist, dass der Begriff eine Multidisziplinärität beinhaltet, da dieses Phänomen von verschiedenen Wissenschaften (Psychologie, Soziologie, Kommunikationswissenschaft, Linguistik etc.) gebraucht wird, so die Kommunikations- und Techniksoziologin Sabine Misoch. Er enthalte 160 Bedeutungszuschreibungen (vgl. Misoch 2012, S. 21).

Zum Kommunizieren brauche es zwei Komponenten: einen Sender, der etwas mitteilt, und einen Empfänger, der die Mitteilung aufnimmt und die Information in Form von Zeichen/Codes entschlüsselt. Kommunikation könne sowohl zwischen Lebewesen als auch zwischen Maschinen stattfinden (vgl. Hoberg 2011, S. 15). Somit sei die Kommunikation als Zeichenprozess zu verstehen. Ein Zeichen verweise auf etwas außerhalb seiner materiellen Erscheinung. Natürliche Zeichen (Rauch: Verweis auf Feuer) und künstliche Zeichen (Symbole, Worte, Signale) würden dabei unterschieden, wobei die künstlichen Zeichen maßgeblich für die Kommunikation von Menschen geschaffen wurden (vgl. Sonnberger 2012, S. 23). Sie dienen dazu, die Welteindrücke zu ordnen, indem diese benannt und dadurch geistig erfasst werden können (vgl. Cassirer 1923, S. 20). Ernst Cassirer beschäftigte sich unter anderem in seinen philosophischen Schriften mit Formen, Symbolen und Zeichen, aber auch mit der Entwicklung der Sprache. Für ihn gibt es mimische, analogische (z.B. Warnlaute) und symbolische Zeichen der Sprache wie Worte oder Zahlen (vgl. Cassirer 1923, S. 137). Zeichen seien laut Cassirer nicht nur das Mittel zur Mitteilung, sondern formten durch das Dasein als repräsentatives Zeichen für verschiedene mögliche Inhalte einen bestimmten Inhalt (ebd., S. 20). Zum Beispiel kann das Wort Liebe für verschiedene Arten von Zuneigung stehen. Die Sprache hat für ihn ein Innen, einen seelischen Inhalt und ein Außen, einen sinnlichen Ausdruck, den man sehen oder hören kann (ebd., S. 123). Und dennoch bildet sie durch ihre Abstraktheit in Form von Buchstaben den Gegensatz zum konkreten Gefühl (ebd., S. 134). Will man zeigen oder beschreiben, wie man sich fühlt, so bemerkt man, dass zwischen einem Gefühl und der Geste oder den dafür vorgesehenen Worten eine Lücke klafft. Denn das komplizierte Gefühl oder der komplexe Gedanke muss erst einmal als Mitteilung verschlüsselt (kodiert) und wieder entschlüsselt (dekodiert) werden, damit man versteht, was ein anderer Mensch mitteilen will. Dafür braucht man die Kenntnis und das Wissen über deren Bedeutung und Nutzungsmöglichkeiten.

Es gibt laut dem Soziologen und Systemtheoretiker Niklas Luhmann zwei entscheidende Merkmale der Kommunikation. Zum einen werde der Begriff als Einheit aus Information, Mitteilung und *Verstehen* und zum anderen als gemeinsame Aktualisierung von Sinn verstanden. Im sozialen Kontext bedeute *Kommunikation* daher ein sprachliches Handeln. Der Mensch könne aus zwei Gründen sprachlich handeln: Um sich generell zu verständigen oder eine Interessensabsicht zu realisieren (vgl. Sonnberger 2012, S. 10-23). Um sich verständigen zu können, braucht es eine Instanz, die Informationen vermittelt, ein sogenanntes Medium. Der Körper und die Sprache sind Medien, mit denen unmittelbar kommuniziert werden kann.

4.2 Nonverbale Kommunikation: Körpersprache

Die nonverbale Kommunikation hat laut dem Psychologen und Pionier auf dem Gebiet der nonverbalen Ausdrucksformen Michael Argyle fünf Formen, welche durch sie zum Ausdruck kommen: Sie zeigt Gefühle, sie teilt die Einstellung zu anderen Personen mit, sie begleitet sprachliche Äußerungen, inszeniert die Selbstdarstellung (das Äußere) und ist ein wichtiger Bestandteil bei Ritualen (vgl. Argyle 2013, S. 11).

Um sich nonverbal, also nicht-sprachlich auszudrücken, ist das Vorhandensein eines *Leibes*[11] unabdingbar. Mit ihm drückt der Mensch seine Empfindungen und Gedanken aus. Das Innere und das Äußere des Menschen sind untrennbar miteinander verbunden. Die sogenannten nonverbalen Signale sind daher vielfältig und haben individuelle Nuancen. Sie reichen über Mimik, Blickverhalten, Gestik, Körperbewegungen, Körperhaltungen, Körperkontakt, Raumverhalten, Kleidung und Aussehen, über Äußerungen von Lauten[12] bis hin zum Geruch (Pheromone) und Herzfrequenz. Einige davon sind kultur- und umgebungsspezifisch (z.B. Rituale bei der Begrüßung, soziale Konventionen, Modeerscheinungen).

Mimische Zeichen sind das Ergebnis von einer unmittelbaren leiblichen Reaktion auf die Umwelt (vgl. Cassirer 1923, S. 125). Das Innere und Äußerliche eines Menschen fallen dabei ohne zeitliche Verzögerung zusammen (ebd., S. 123), daher sind sie oft nicht steuerbar. Cassirer nennt es die „hinweisenden Gebärdensprache". Interessant ist, dass Cassirer in seinen Studien behauptet, diese habe sich aus dem erfolglosen „sinnlichen Ergreifen und In-Besitz-Nehmen" von Gegenständen entwickelt (ebd., S. 126). Wenn ein Kind etwas nicht greifen kann, so zeigt es mit dem Finger und dem Blick darauf. Sein Gegenüber bekommt dadurch den Hinweis, was das Kind greifen will und kann ihm behilflich sein.
Martin Buber schrieb knapp 30 Jahre nach *Ich und Du* (1923) in *Elemente des Zwischenmenschlichen* (1963), dass alles, was *zwischen* zwei Personen geschieht, die sich in alltäglichen Situationen begegnen, sei es aus Sympathie oder noch so flüchtig, bereits in der sogenannten *Sphäre des Zwischenmenschlichen* stattfinde, des „Einander-gegenüber; ihre Entfaltung nennen wir das Dialogische" (Buber 2017, S. 271). Buber meint damit rufen (Anruf) und antworten (Antwort) im nonverbalen wie auch im verbalen Miteinander der Menschen.

Blicken

Wahrnehmbar und spürbar sei dies bereits durch einen kurzen Blickkontakt in einer überfüllten Bahn. Laut dem Arzt und Psychotherapeut Gerhard Danzer

---

11 „Leib" wird hier verstanden als Verkörperung seelischer und geistiger Fertigkeiten. Der Leib ist somit ein Lebensträger, der Situationen gestalten kann (vgl. Danzer 2012, S. 64f.). Ohne seelische und geistige Fertigkeiten wäre der Leib schlichtweg ein bloßer Körper.

12 Hier kann nochmals zwischen prosodischen Signalen (Timing, Tonhöhe, Betonung) und paralinguistischen Signalen (Emotion im Tonfall) differenziert werden (vgl. Argyle 2013, S. 13).

ist es der expressive Blick eines Menschen, der innere Emotionen und Zustände (Ärger, Trauer, Liebe, Verzweiflung, Angst etc.) manifestiert. Der Akt des Blickens sei daher als psychosozial zu bezeichnen, einzuordnen und zu verstehen (vgl. Danzer 2012, S. 73f.). Menschen drücken bewusst oder unbewusst mit ihrer Gangart, Haltung, ihren Bewegungen und der Blickrichtung aus, was sie denken und fühlen oder zu verbergen versuchen. Wir erahnen, wenn jemand ärgerlich, genervt oder traurig ist, auch wenn wir mit dem Menschen nicht direkt sprechen.

In öffentlichen Verkehrsmitteln sind Menschen umgeben von vielen anderen Menschen. Mal sind sie nur eine Armlänge, mal ein paar Meter entfernt. Viele Menschen scheinen mit ihrer Begleitung, ihren Kindern oder mit sich selbst, einem Buch oder dem Handy beschäftigt. Der Kopf ist bei vielen gesenkt, die Augen oftmals geschlossen oder aufs Fenster gerichtet. Wenn man den Blick als hinweisende Gebärde (Cassirer) deutet, dann können diese nonverbalen Signale als Schutz vor dem zeitweise In-Besitz-nehmen-Wollens durch den Blick des anderen Menschen interpretiert werden, da der Blickkontakt verhindert wird. Es gilt hier, den privaten Raum zu wahren.

Bemerken dann die Anderen überhaupt, dass ich den gleichen Weg fahre, wie sie oder ist es Ihnen egal? Es geschieht zwar selten, aber ab und zu lächelt oder spricht man sich an und vergisst für einen Moment lang, welches Ziel man gerade im Alltag verfolgt (ähnlich dem *Besorgen* von Heidegger). Trotz aller gefühlten Gleichgültigkeit herrschen z.B. zwischen den Fahrgästen, wie auch zwischen Menschen auf aller Welt bestimmte universale Regeln, die eigentlich unausgesprochen an jedem Ort gelten sollten: Wenn mich jemand freundlich nach dem Weg fragt, dann reagiere ich zumindest auf seine Frage. Es ist schwer jemanden zu ignorieren, der leibhaftig vor einem steht. Wenn jemand in der Bahn einen Kreislaufzusammenbruch erleidet, dann bin ich ebenfalls angehalten, diesem Menschen, der mir zuvor fremd und distanziert erschien, zu helfen und andere Menschen ebenfalls um Hilfe zu bitten. Umgekehrt verlassen sich die anderen Fahrgäste prinzipiell darauf, dass sie während der Fahrt körperlich unversehrt und ihr Eigentum unbeschädigt bleiben. Im Mitdasein herrscht also auch unterschwellig eine soziale Verbundenheit, die das Ausmaß eines potentiellen Unfalls oder einer potentiellen Gefahr verringert. Die anderen Menschen sind in der Sphäre des Zwischenmenschlichen wichtig, so oberflächlich diese zum Beispiel in den Großstädten auch erscheinen mag.

Raumverhalten

Das Erblicken und Wahrnehmen des Anderen ist eine Grundvoraussetzung und wesentlicher Bestandteil von zwischenmenschlicher Beziehung. Wie Menschen sich dabei räumlich positionieren, spielt eine sehr wichtige Rolle in der nonverbalen Kommunikation. Die sogenannte Proxemik, entwickelt von dem Anthropologen *Edward T. Hall (1914-2009)*, betont die tatsächliche Distanz, die zwischen uns und den Anderen besteht. Begeben sich Menschen freiwillig zueinander in eine *persönliche Zone*, die zwischen 0,5 und 1,5 Metern liegt, zeigt dies, dass man sich gut kennt und gerne über miteinander über persönliche Interessen spricht (vgl. Schober 2006, S. 19). Tritt man ganz nah an aneinander heran und berührt sich, so befindet man sich in der *Intimzone* (bis 0,5m). Die *soziale Zone* (1,5m - 4m) ist die Zone, in der die meisten alltäglichen Interaktionen stattfinden. Sie gilt als sicher und ermöglicht oberflächliche bzw. formale Gespräche (vgl. Ellgring 1986, S. 35). Natürlich sind die Zahlenwerte von Hall nur Richtlinien, nach denen wir die Beziehungen zu Menschen einschätzen und Menschen einander Rollen zuschreiben können (ebd., S. 36).

Fremdheit

Problematisch wird es, wenn sich Menschen ungewollt nah kommen müssen oder die Nähe einseitig eingefordert wird. In überfüllten Bussen oder Bahnen und in Aufzügen spüren Menschen eine gewisse Anspannung, wenn ihnen Fremde zu nahe kommen. Der Blickkontakt wird oftmals vermieden (vgl. Schober 2006, S. 16). Durch das Raumverhalten kann demnach Abgrenzung und Annäherung zwischen Menschen geschehen.

Sitzen fremde Menschen im Kino, bei Konzerten oder im Stadion direkt nebeneinander, so scheinen diese Distanzen zugunsten der Atmosphäre und Dynamik eher positiv bewertet zu werden. Man hat unausgesprochen ein gemeinsames Interesse. Durch z.B. ähnliche Kleidung oder Frisuren oder aber über Bemalungen im Gesicht, das gemeinsame Mitsingen von Liedern, den gleichen körperlichen Ausdruck oder das gleiche Verhalten, ordnet man sich direkt einer bestimmten Gruppe zu. Diese kurzfristige Gruppenzugehörigkeit scheint demnach die Distanzen graduell aufzulösen.

Das Raumverhalten im Kollektiv

Das Kollektive ist jedoch nach Buber ein Dasein, das auf ein festgelegtes Ziel hin das Zwischenmenschliche limitiert und beschneidet. Buber berichtet selbst von einem Ereignis, in dem dieses Problem spürbar war: Während eines politischen Umzugs, bei dem sich viele Menschen versammelten und nebeneinan-

der herliefen, fühlte sich Buber erst wahrgenommen, als ein Musiker, den er am Vorabend in einem Café kennengelernt hatte, Buber auf der Straße erkannte und ihm zuwinkte. Dem Rest der Menschen, denen er körperlich näher war, habe er sich „entrückt [gefühlt], nur noch in den Zug einbezogen, den ziellosen Schritt mitschreitend" (Buber 2017, S. 269). Auch hier wird die philosophische Dimension von Entfernung und Distanz erkennbar, von der Hume schrieb. Obwohl der Bekannte örtlich weiter entfernt war als die anderen Menschen, die in einer persönlichen Distanz zu Buber standen, fühlte er sich diesem Menschen einen Moment lang näher als denen im Kollektiv.
Das Kollektive hebt die Person auf:

> Wo dieses [Kollektiv] ausschließlich oder doch überwiegend waltet, fühlt sich der Mensch von der Kollektivität getragen, die ihn in der Einsamkeit, der Weltangst, der Verlorenheit enthebt, und in dieser für den modernen Menschen wesentlichen Funktion scheint das Zwischenmenschliche, das Leben zwischen Person und Person, mehr und mehr gegen das Kollektive zurückzutreten. (Buber 2017, S. 268)

Die Menschen erscheinen im Kollektiv homogen. Solche Gruppen vertreten meistens eine bestimmte Meinung oder ein zu verfolgendes Ziel. Dabei spielt es keine Rolle, um welche Meinung es sich handelt. Autonomie wird von Konformismus, von Gleichheit, abgelöst. Menschen handeln und denken nicht mehr aus sich selbst heraus, sondern orientieren sich an der Gruppe.

Inkongruenz

Die Körpersprache des Anderen kann uns viel verraten, auch wenn wir miteinander sprechen. *Friedemann Schulz von Thun (*1944)*, ehemaliger Professor für Psychologie an der Universität Hamburg, ergänzt, dass ein Sender immer auf zwei Ebenen kommuniziert, auf einer Mitteilungsebene und einer Metaebene. Diese beiden Ebenen würden sich gegenseitig bedingen, um letztendlich die Information zu autorisieren und zu qualifizieren. Die Qualifikation, wie Schulz von Thun es nennt, kann des Weiteren durch den Kontext, die Körperbewegung, den Tonfall und die Art der Formulierung begünstigt werden (vgl. Schulz von Thun 2013, S. 39f.). Gerade bei sogenannten *inkongruenten* Nachrichten, bei der sich das gesprochene Wort und die Mimik/Gestik widersprechen, zeigt sich, dass die eigentliche Information aufgrund der Expressivität des Leibes erkannt werden kann und wieder umgedeutet werden muss (ebd.). Frage ich zum Beispiel jemanden in einem überfüllten Café, ob am Tisch noch ein Platz frei ist und ich die Antwort „Ja!" erhalte, kann ich dennoch anhand der körperlichen

Signale der antwortenden Person einschätzen, ob diese sich eigentlich von mir gestört fühlt. Der Kommunikationswissenschaftler, Soziologe, Philosoph und Psychologe Paul Watzlawick stellte dahingehend fest, dass man immer unbewusste und bewusste Zeichen sendet. Somit könne ein Mensch *nicht* nicht kommunizieren (vgl. Misoch 2006, S. 8). Denn alles, was Menschen tun oder lassen, könne als Zeichen gedeutet und (miss)verstanden werden. Jedoch sei es wichtig, herauszustellen, dass es in der nonverbalen Kommunikation viele individuelle Unterschiede zwischen den Menschen gibt, die mit der jeweiligen Persönlichkeit zusammenhängen (vgl. Argyle 2013, S. 31). Ebenso darf man kulturelle Unterschiede in den Blick nehmen, wenn die Körpersprache thematisiert wird. Es gibt demnach kein Patentrezept, anhand dessen man alle Menschen „lesen" könnte. Denn selbst Texte, die man liest oder Worte, die man hört, sind uneindeutig. Sie hängen stark von der Intention des Senders und der Interpretation des Empfängers der Zeichen ab.

4.3 Verbale Kommunikation

Etwas zu verbalisieren bedeutet, Sprache zu verwenden. Sprache unterstützt das menschliche Wahrnehmen, Denken, Erkennen, Fühlen und Handeln. Sie könne in unterschiedlichen Kontexten wie Sprachfähigkeit, Einzelsprachen oder Individualsprachen (Sprachstil) verschiedene Bedeutungen enthalten (vgl. Hoberg 2011, S. 13f.). Gesprochene Sprache erfolgt entweder in Form eines Gesprächs unter persönlich Anwesenden, als Rede vor einem Publikum oder als Telefongespräch, mitunter per Sprachnachricht. Demnach wird sie zuallererst anhand von Lauten mit dem Ohr wahrgenommen. Im Gegensatz zu den Lauten (z.B. Warn- oder Paarlauten) der Tiere, die eindeutig sind, ist die Bedeutung der menschlichen Lautzeichen wesentlich vielfältiger (vgl. Cassirer 1923, S. 136). Durch die verbale Sprache *greifen* Menschen nicht mehr real existierende Dinge in der Welt, sondern nutzen den Verstand, indem sie die Welt geistig durch Urteile und Schlussfolgerung *begreifen* (ebd., S. 127).

Schriftsprache

Die sogenannte Schriftsprache[13] unterscheidet sich von der gesprochenen in der Hinsicht, als dass grundlegend alles aufgeschrieben und somit erklärt werden muss, was mitteilenswert ist oder als mitteilenswert angesehen wird. Außerdem ist Schriftsprache linear und im Satzbau komplexer, da die Zeit für die Formulierung und das Rezipieren ausgedehnter ist (vgl. Hoberg 2011, S. 17). Die Schriftsprache ist nicht so direkt, wie die Körper- oder gesprochene Sprache. Man muss lesen und schreiben können und wissen, wie man Briefe, Bücher und anderen Printmedien handhabt.

In der Schriftsprache fehlen nonverbale Komponenten wie Stimmlage, Betonung, Dramaturgie, Gestik, Pausen und spontane Nachfragen (vgl. Sonnberger 2012, S. 48). Ich weise darauf hin, dass die hier dargestellten Ausführungen über die Schriftsprache in erster Linie die Schriftsprache in Büchern und Manuskripten oder dergleichen fokussieren. Für die Schriftsprache im Internet, besonders in sozialen Netzwerken, müssen sie keineswegs gelten. Das Nutzen von Smileys und Emoticons in Nachrichten, Gifs, Postings oder Kommentaren inkludiert zum Teil nonverbale Gesten. Jedoch gibt es bei Weitem nicht die Bandbreite an Emoticons, welche die individuelle Körpersprache der Menschen abbilden könnte.

Vier Seiten einer Mitteilung

Was jedoch für die schriftliche und verbale Kommunikation gilt, ist die Gefahr, dass eine Mitteilung missverstanden[14] wird. Sicherlich gilt das ebenso für nonverbale Signale. Zum einen, weil die Beteiligten erst eine ähnliche semantische Bedeutung der Gesten und Worte kennen müssen, was jedoch nicht nur von der Sprachkultur, sondern auch vom jeweiligen Bildungsgrad und der individuellen Erfahrung abhängt (vgl. Misoch 2006, S. 9). Zum anderen, weil durch die Mitteilung einer Nachricht, so Schulz von Thun, vier Aspekte eine Rolle spielen, die das Nichtgelingen einer Kommunikation auslösen können. Diese vier Seiten einer Mitteilung, wie sie auch genannt werden, seien der *Sachinhalt* (Information), der *Appell* (Einfluss auf den Empfänger), die *Selbstoffenbarung*

---

13 Der geschichtliche Hintergrund zur Etablierung der Schrift und des Alphabets im alten Griechenland ab 700 v. Chr. ist unter anderem bei Sonnberger (2012) ab S. 47 zu finden. Leider kann aufgrund des Umfangs nicht näher darauf eingegangen werden.

14 „Verstehen" ist nach dem Sozialphilosophen Jürgen Habermas die gemeinsame kommunikative Konstruktion von Wirklichkeit und stellt die Voraussetzung für die Konstitution von Gesellschaft dar (vgl. Hinde 1993, S. 9).

(was der Sender über seine Persönlichkeit preisgibt) und die *Beziehung* zu dem Empfänger. So kann eine Mitteilung viele Botschaften gleichzeitig und gleichrangig beinhalten. Der Empfänger sehe sich dadurch meist unbewusst mit der Frage konfrontiert, auf welche Seite er eigentlich reagieren sollte, also mit welchem „Ohr“ (Sachinhalt, Appell, Selbstoffenbarung, Beziehung) er das Gesagte hören soll. Die Mitteilung einer Beifahrerin im Auto „*Du*, da vorne ist grün!“ könne als bloße Information, oder als Aufforderung loszufahren, oder als Angriff und Bevormundung (Beziehungsaspekt) verstanden werden, oder aber die Beifahrerin habe es eilig und sei daher besonders aufmerksam (Selbstoffenbarung) (vgl. Schulz von Thun 2013, S. 28f.).

Jedoch haben Menschen meistens keine Zeit, in dieser konkreten Situation darüber nachzudenken, wie der oder die Andere die Aussage wohl gemeint hat. Gerade das ist für Buber sehr wichtig: Sprache kann in einem lebendigen Kontext, also einer konkreten Situation nicht der Verallgemeinerung dienen, sondern spiegelt das Einmalige zwischen den Menschen in diesem Moment wider: „Nichts hilft mir so den Menschen und sein Dasein verstehen, wie die Sprache, und auch über das Menschliche hinaus vermittelt mir gerade ihre sinnlichste Konkretheit täglich neue und überraschende Einsichten.“ (Buber 1978, S. 47). Es lohnt sich daher, ein tieferes Verständnis aus philosophischer Sicht zu erhalten.

4.4 Der philosophische Begriff der Kommunikation

In der Philosophie wird der Begriff der Kommunikation je nach philosophischer Disziplin verschieden ausgelegt. Er variiert beispielsweise je nachdem, ob die Sprache an sich fokussiert wird (Sprachphilosophie), ob diese als ein Mittel für einen Verstehensprozess beschrieben wird (Erkenntnistheorie), ob die Kommunikation als wichtigen Teil des Da-Seins (Ontologie) und der Existenz (Existenzphilosophie) verstanden wird, oder ob der Begriff das soziale Miteinander kennzeichnet (Sozialphilosophie; Moralphilosophie).

Sender: Intention und Regeln

*John R. Searle (*1932)*, Schüler von John Austin (1911-1960), vertritt die Auffassung, dass zu jeder sprachlichen Kommunikation sprachliche Akte, sogenannte Sprechakte, gehören (vgl. Searle 1971, S. 30). Sprechen sei in diesem Kontext, wie im Kapitel zuvor bereits erwähnt, eng mit Handeln verbunden. Das Sprechen ist laut der Sprechakttheorie „eine regelgeleitet Form des Verhaltens“ (ebd., S. 32). In diesem Verständnis kommunizieren Menschen miteinander, weil sie eine Intention haben und möchten, dass das Gegenüber das Anliegen versteht. Wie genau sind nun diese Sprechakte zu verstehen? Searle verdeutlicht dies an folgenden Beispielsätzen:

. Sam raucht gewohnheitsmäßig.
. Raucht Sam gewohnheitsmäßig?
. Sam, rauch gewohnheitsmäßig!
. Würde Sam doch gewohnheitsmäßig rauchen!

In allen vier Sätzen wählt der Sprecher die gleichen Worte, aber ordnet diese im jeweiligen Satz verschieden neu an. Diese Neuanordnung ist eng verbunden mit dem jeweiligen sogenannten „illokutionären Sprechakt", der vollzogen wird: In 1) wird eine Behauptung ausgedrückt, in 2) wird eine Frage geäußert, in 3) wird ein Befehl mitgeteilt und in 4) steckt ein Wunsch oder ein Verlangen.[15]

Dadurch wird deutlich, dass wir uns nicht über die Wörter, sondern über die ganzen Sätze, welche die jeweilige Intention enthält, ausdrücken. Jedoch wäre dieses Verständnis nicht möglich, wenn es nicht allgemeine Konventionen gäbe, welche die Sprechsituationen maßgeblich mitgestalteten. „X gilt als Y im Kontext von C." (Searle 1971, S. 57). So unterliegt unsere Kommunikation konstitutiven Regeln, welche das Ziel der Kommunikation erst ermöglichen. Denn nicht allein die Worte, so Searle, seien dafür verantwortlich, was und wie Menschen etwas ausdrücken. Neben der Konvention sei der Kontext der Sprechsituation ebenso entscheidend (ebd., S. 41). Ein Gespräch um die Bitte einer Kreditwährung in einer Bank ist konventionell und kontextuell anders geregelt als ein Eltern-Lehrer-Gespräch in der Schule. Diese Konventionen zeigen sich bereits in Gesichtsausdrücken und Gesten (ebd., S. 59f.): Bieten einige Bankangestellte den Kunden meist vor dem Gespräch lächelnd einen Kaffee an und referieren bereits bestimmte Angebote, während man den Kaffee genießt, so wird sich die Lehrkraft in der Schule zunächst zurückhalten und erst einmal wertfreie Rückfragen stellen, die für ein Reflektieren von Problemen hilfreich sein können. Die Komplexität der Kommunikation zeigt sich laut der Sprechakttheorie durch folgende Aspekte:

- den Sinn von Sprechakten,
- das, was der Sprecher eigentlich meint,
- das, was der geäußerte Satz in seinen sprachlichen Elementen bedeutet
- das, was der Sprecher intendiert,
- das, was der Zuhörer versteht (ebd., S. 32).

[15] Man unterscheidet diese illokutionären von perlokutionären Sprechakten. Zweiteres bezeichnet die Konsequenzen, die Sprechakte auf Zuhörer haben, z.B. jemanden durch Warnen zu *erschrecken* (ebd. S. 41f.).

Kooperation

Für den Philosophen *Paul Grice (1913-1988)* steht aufgrund dieser Komplexität daher die implizierte Kooperation zwischen Gesprächspartnern in dem Moment des Gesprächs[16] an erster Stelle (Kooperationsprinzip). Es geht darum, miteinander zu sprechen und mit seinen Äußerungen zu zeigen, dass man mit dem Anderen ein gemeinsames Gesprächsziel verfolgt. Daher sollten die jeweiligen Beiträge zueinander passen und sich aufeinander beziehen. Implizit wird auch vorausgesetzt, dass das Gespräch so lange angemessen fortgesetzt wird, bis im beiderseitigen Einvernehmen dieses wieder beendet wird (vgl. Grice 1979, S. 252). Grices sogenanntes *Kooperationsprinzip* besagt außerdem, dass man seinen Gesprächsbeitrag immer so formulieren sollte, dass es dem Zweck und der Richtung des Gesprächs angemessen ist. Doch damit nicht genug. Gesprächspartner sollten die „Quantität, Qualität, Relation und Modalität" ihrer Aussagen bewusst reflektieren (Grice 1979, S. 249). Er formuliert damit sogenannte Maximen oder auch Gebote. Die Maxime der *Qualität* beinhaltet die Forderung an die Gesprächspartner, immer zu versuchen, einen wahren Beitrag zu formulieren, also zu verhindern, dass man etwas sage, das man selbst für falsch halte oder wofür „angemessene Gründe fehlen" (ebd.). Die Maxime der *Relation* lautet: „Sei relevant." Das Thema solle dabei immer wieder im Fokus stehen. Ausschweifungen oder Ablenkungen verletzen diese Maxime. Unter die Maxime der *Modalität* fällt alles, was die Art und Weise der Aussage betrifft, also „wie" etwas gesagt wird. Sie lautet: „Sei klar [und kurz]", „Vermeide Dunkelheit des Ausdrucks [und] Mehrdeutigkeit" und spreche der „Reihe nach" (ebd., S. 250). Keiner kann leugnen, sich selbst dabei ertappt zu haben, öfter unbewusst oder bewusst gegen diese Maxime zu verstoßen oder einen Verstoß gegen sie erlebt zu haben. Searle und Grice betonen zuweilen die Zweckhaftigkeit der Kommunikation, die meist nur vom Sender einer Mitteilung ausgeht. Dass die Mitteilung verstanden wird, spielt dabei eine untergeordnete Rolle. Jedoch sind andere, welche die Mitteilung hören Empfänger dieser Mitteilung. Sie sind daher in einen Verstehensprozess, der auf die Welt gerichtet ist, eingebunden.

---

16 Wobei Grice den Begriff des Gesprächs in einem weiten Verständnis fasst, das jede verbale Interaktion mit einschließt (vgl. Grice 1979, S. 248).

Empfänger: Hören und Verstehen

„Verstehen dringt nach Möglichkeiten." (Heidegger 2006, S. 145). Verstehen Menschen mehr über einen Sachverhalt, so eröffnen sich dadurch Möglichkeiten, mit diesem Sachverhalt umzugehen. Heidegger sieht daher im Verstehen ein „Entwurfcharakter" oder auch ein „Sein-können" für die Menschen (ebd.). Eine Mitteilung kann daher philosophisch gesehen nicht nur als „Transport von Erlebnissen, zum Beispiel Meinungen und Wünschen auf dem Inneren des einen Subjekts in das Innere des Anderen" verstanden werden (ebd., S. 162). Sondern Menschen teilen durch eine Mit-teilung miteinander Befindlichkeiten und Verständnisse über etwas (ebd.). Dadurch erweitert sich das (Mit-)Denken und (Mit-)Fühlen. Jedoch kann dies nur erfolgen, wenn der Mitteilung zu*gehört* wird. Heidegger unterscheidet das Hören vom Zuhören. Während Reden und Hören das Verstehen konstituieren, kann nur derjenige zu-hören, der bereits etwas vom Worüber versteht (ebd., S. 164). Das nennt Heidegger das *ausdrückliche Hören*. Wenn ein Mensch redet, so hören die Anderen aber nicht nur, was er sagt, sondern auch, wie er etwas sagt. Anhand seines Tonfalls, seiner Modulation, seines Tempos und seiner Art zu sprechen können Aussagen über die Befindlichkeit getroffen werden (Heidegger 2006, S. 161 f.). Deklariert ist dieses Hören als das *natürliche Hören*. Die Sprache selbst ist nur sinnvoll, wenn sie verständlich ist. „Ich habe nicht richtig zugehört..." und „Ich verstehe nicht richtig..." kann man daher synonym verwenden. Hören ist demnach wichtig für die Kommunikation. Heidegger meint jedoch nicht die Sinneswahrnehmung, sondern das Hören im Sinne von Hörigkeit im Mitdasein mit anderen, die mit einer gewissen Unfreiheit verbunden ist, weil die Anderen mit uns in der Welt sind. Wir gehen mit und folgen den Anderen, indem wir auf sie und das Mitgeteilte hören (ebd., S. 163).

Kommunikation dient neben der Aktualisierung des Sinns, der Verständigung ebenso der Kooperation der Dialogpartner. Mit nonverbalen Zeichen wie der Mimik, dem Blickkontakt, dem Raumverhalten, aber auch den verbalen Zeichen und dem geregelten Verhalten während eines Gesprächs können Menschen Nähe zu anderen Menschen aufbauen oder sich von diesen abgrenzen. Sprachlich geschieht das bereits mit der Verwendung verschiedener Pronomen, den Indefinitpronomen (z.B. andere, jemand) oder den Personalpronomen (ich, du, er/sie/es).

4.5 Die Begriffe „Ich“, „Andere“, „Person“ und „Du“

Es folgt eine kurze Darstellung der sprachlichen Begriffe („Ich“, „Du“, „Andere“) und deren gemeinsame normative Brücke durch den Personbegriff.

Der Begriff Person

Der Begriff „Person“ ist in der Philosophie umstritten. Nach *John Locke (1632-1704)* sind Personen nicht an einen Körper gebunden. Sie zeichnen sich vielmehr dadurch aus, dass sie über ein Selbstbewusstsein, also eine reflexive Vorstellung von sich selbst, und über Vernunft verfügen. Man merkt an diesem Verständnis, dass die Begriffe „Ich“ und „Person“ Schnittmengen aufweisen. *Peter Strawson (1919-2006)* ist dagegen der Meinung, dass Personen nicht nur Bewusstseinszustände, sondern auch körperliche Merkmale besitzen müssen. Nur so könne man ein Wesen als Person identifizieren. Andere Philosophen behaupten dagegen, dass Wesen Personen sind, welche die Anlagen besitzen, Fähigkeiten wie Vernunft und Selbstbewusstsein auszubilden. Nach dieser Auffassung wären selbst Embryonen Personen (vgl. Jordan; Nimtz 2011, S. 194f.). Für *Harry G. Frankfurt (*1929)* ist das entscheidende Merkmal von Personen, dass sie „Wünsche zweiter Stufe haben, d.h., dass es ihnen nicht gleichgültig ist, welche Wünsche sie haben, und v.a. nicht, welche ihrer Wünsche ihr Handeln leiten“ (ebd., S. 195). Das erfordert jedoch ein gewisses Reflexionsvermögen und den Willen zu Reflexion. Immanuel Kant nennt „Person“ ein autonomes Wesen, das nach eigenen (moralischen) Maßstäben handelt und Verantwortung übernimmt. Eine Person besitzt demnach eine Würde und Rechte (ebd.). Es wird deutlich, dass der Personbegriff häufig mit den Fragen einhergeht, was das Ich für sich will, und wie es sich zu anderen („er/sie/es“) verhalten soll. Dagegen agiert das „Du“ unmittelbar mit dem Ich (vgl. Jaques 1986, S. 8). Es braucht laut Jacques einen „ausdrücklichen Akt“, um eine Beziehung herzustellen. „Er/sie/es“ wird dadurch zu einer zweiten Person, dem „Du“ und damit zu einer Person, deren Freiheit, Wohlbefinden und Rechte ebenso vom Ich wie umgekehrt vom Du abhängig sind (ebd., S. 60).

Raumworte und Pronomen

Sprachphilosophisch scheint es eine Verbindung zu Raumwörtern und Personalpronomen zu geben. Raumworte seien ein „Medium für die Beziehung des Ich und für seine Abgrenzung gegen andere Subjekte“ (Cassirer 1923, S. 164). Damit ist gemeint, dass das sprechende Ich immer Zentrum seiner Gedanken- und Wahrnehmungswelt ist. Von diesem Zentrum aus, erkunde ich den Raum, in dem auch andere existieren. Wenn ich jemanden etwas zeige, was ich in der Ferne sehe, so beschreibe ich immer zunächst aus meiner eigenen Perspektive: „Schau mal, da vorne läuft Mark." Erst wenn wir bemerken, dass diese Beschreibung nicht ausreicht, versuchen wir uns in die Perspektive des anderen hineinzuversetzen: „Von dir aus gesehen läuft Mark vorne rechts neben der Straßenbahnhaltestelle."

Erste Person: Ich

Für den Psychologen und Existenzialisten *Karl Jaspers (1883-1969)*, der mit Heidegger im Austausch stand, ist das Ich „ein Sein, das sich selbst erfaßt" (Jaspers 1956, S. 26). Das Ich als Begriff zu reflektieren, ist schwierig, denn es handelt sich um eine künstliche Objektiviertheit von etwas, das man eigentlich schwer fassen kann (ebd., S. 27). Menschen, die sich mit der Frage „Wer bin ich?" konfrontiert sehen, beginnen über sich selbst nachzudenken und machen sich damit selbst zu einem Objekt ihrer Gedanken und Reflexion. Denn ich kann mich als „ich selbst" nur denkend konstruieren. Jaspers unterscheidet das Ich in „Ich überhaupt", das sich durch die Taten in der Gesellschaft bestimmen lässt und das „Ich selbst", also die Perspektive, die ich ausschließlich von mir habe (ebd.). Man kann, um das „Ich" etwas greifbarer zu machen, vier verschiedene Teile benennen, die dazu dienen können, das „Ich selbst" zu reflektieren:

1) *Der räumliche Körper:* Ist dieser schwach oder stark? Dient er zum Genuss oder als Quelle des Leids? Welche Gefühle spüre ich mithilfe oder aufgrund meines Körpers? (vgl. Jaspers 1956, S. 27)
2) *Das soziale Ich:* Welche Funktion nehme ich im Beruf ein? Welche Rechte und Pflichten habe ich? Wie wirke ich auf andere? In welcher sozialen Lage befinde ich mich und wie sehr bestimmt diese mich? Ergreife ich oder ertrage ich meine soziale(n) Rolle(n)? Wie gestalte ich das soziale Miteinander? (ebd., S. 29f.)
3) *Das Leistungsich:* Welche Erfolge oder Misserfolge sind durch mein Handeln entstanden? Was möchte ich in der Zukunft schaffen? (ebd., S. 31)
4) *Das Erinnerungsich:* Was habe ich erlebt, gesehen, gedacht, getan? Was haben Andere getan und wie sind sie mit mir umgegangen? (ebd., S. 32)

Diese Aspekte können nur bestehen, wenn sich das Ich in Beziehung mit anderen setzt (ebd., S. 26). So können Menschen sich vergleichen und Maßstäbe formulieren, an denen sie sich orientieren. Man erahnt an dieser Stelle, dass das „Ich selbst" durch den Vergleich mit anderen positive oder negative Gedanken und Gefühle erzeugen kann. Die Folgen können Unsicherheiten sich selbst und Ängste anderen gegenüber sein. Positive Gedanken und Gefühle fördern dagegen eine gewisse Offenheit und ein Gefühl von Selbstwirksamkeit. So, wie Menschen sich selbst und anderen erscheinen, so schreiben sie sich Charaktereigenschaften zu:

> Es ist eine meiner ursprünglichen Erfahrungen, daß ich nicht bloß da und nicht die Möglichkeit von allem bin, was ich sein möchte, sondern daß ich mir auch gegeben bin als ein Sosein. Mit Staunen und mit Scham, mit Erschrecken oder mit Liebe erfahre ich aus meinem Tun, wie ich bin. (Jaspers 1956, S. 33)

Anhand des bewussten und unbewussten Tuns oder Unterlassens werden Menschen von anderen fremdeingeschätzt, was den Selbstwert ebenfalls in bestimmte Richtungen beeinflusst (vgl. Stumm/Pritz 2007, S. 635). *Die Anderen* haben dahingehend einen großen Einfluss auf den einzelnen Menschen.

Die Anderen

In dem Buch *Über den Dialog. Eine logische Untersuchung* beleuchtet Francis Jacques den Begriff der „Anderen" unter sprachphilosophischen Aspekten. Der Andere bezieht sich wörtlich in erster Linie auf eine Andersheit, die sich vom Ich unterscheidet. Der Fokus liegt dabei nicht primär auf der ganzen Person, sondern auf bestimmte Aspekte der Person, die *anders* sind (vgl. Jacques 1986, S. 6). Das kann die Hautfarbe, die Herkunft, die Kleidung, die Frisur, die Gangart, die Sprechweise, der Glaube, der Beruf oder die Lebensweise und Gesinnung sein. Der Ausdruck „die Anderen" beinhalte meistens eine Gegenüberstellung zu einer Person oder einer Gruppe. Die Äußerung „Ich und die Anderen" bezeichnet eine Art Rivalität, die dazu führe, dass man sich sprachlich und dann eventuell auch tatsächlich von den „Anderen" isoliere (ebd., S. 8).

Dritte Person: Er, Sie, Es

Die dritte *Person* Singular „er/sie/es" verweise auf eine bereits bestehende Beziehung, die Menschen mit einer *Person* haben müssen, damit sie mit dieser über „er/sie/es" überhaupt sprechen können. Anhand der grammatikalischen Bezeichnung „erste/zweite/dritte *Person*" offenbart sich der Begriff „Person", der auch normativ zwischen Menschen gelten sollte (vgl. Jacques 1986, S. 8). Sprachlich zeigt sich jedoch eine gewisse zwischenmenschliche Distanz, die erst mit der „Du"-Ansprache verringert werden kann.

Die zweite Person: Du

„Du“ bedeutet, dass der Sprecher denjenigen, den er mit „Du“ anredet, allen anderen Personen gegenüber herausstellt und diese in besonderer Weise identifiziert (vgl. Searle 1971, S. 45). Hören Menschen auf, mit dem Gegenüber zu kommunizieren, so gibt es kein „Ich“ und kein „Du“ mehr (vgl. Jaques 1986, S. 14). Die Wechselrede und die Reziprozität, also das, was einen Dialog ausmacht, sind nicht mehr gegeben, wenn Menschen kein Gegenüber mehr haben. „Ich“ gibt es nur, wenn es ein „Du“ gibt (ebd., S. 60). Ein Dialog ist daher die „Form von intersubjektiver Beziehung, in der sich gegenseitige Anerkennung vollzieht“ (ebd., S. 21). Die Begriffe des „Anderen“ und des „Du“ scheinen vielmehr ethische Kategorien zu sein, als dass man eine klare Definition ausfindig machen könnte (ebd., S. 7f.). Wie sich Menschen gegenüber anderen verhalten, wird immer durch die bewussten und unbewussten Anteile des jeweiligen Ichs beeinflusst. Es entstehen dadurch Möglichkeiten, aber auch Probleme in der Kommunikation.

4.6 Probleme der Kommunikation

> Das weitaus meiste von allem, was sich heute unter Menschen Gespräch nennt, wäre richtiger, [...] als Gerede zu bezeichnen. Im allgemeinen sprechen die Leute nicht wirklich zu einander, sondern jeder ist zwar dem andern zugewandt, redet aber in Wahrheit zu einer fiktiven Instanz.[sic!] (Buber 2017, S. 278)

In diesem Zitat verbergen sich einige Probleme, welche die Kommunikation massiv beeinträchtigen. Buber behauptet, Gespräche seien bereits zu Beginn des 20. Jahrhunderts vermehrt bloßes Gerede. Die scheinbare Zugewandtheit der Gesprächspartner entpuppt sich als willkommene Möglichkeit, die eigenen Gedanken lediglich abwechselnd monologisch vorzutragen: Man redet aneinander vorbei. Das Gegenüber dient als bloße Projektionsfläche der eigenen Gedankenwelt.

Der Schein

Menschen, die gesellschaftlich bevorzugte Bilder, wie Buber es nennt, verinnerlicht haben und danach leben, wollen einen bestimmten Blick des Anderen auf sich selbst erzeugen. Diese Manipulation soll zwar spontan wirken, sei aber oftmals, wenn auch unbewusst, inszeniert. Sie erzeugt eine Illusion. Buber weiß, dass kein Mensch sich bewusst jede Sekunde auf die eigene Erscheinung konzentrieren kann. Jedoch dränge sich durch das bewusste Einsetzen von gesellschaftlich vorgefertigten Bildern oftmals ein Schein in die Erscheinung (vgl. Buber 2017, S. 275). Die alten Griechen unterschieden das „Wesen“ von der „Erscheinung“ und dem „Schein“. Das „Wesen“ beschreibt das Innere, auch die Essenz. Dadurch unterscheiden sich Menschen und können nicht identisch miteinander sein. Die individuelle Anatomie und die Zeugungskomponenten durch die Eltern tragen ebenso zum Wesen bei (vgl. Jordan; Nimtz 2011, S. 305). Die „Erscheinung“ beschreibt, wie wir eine Person anhand von eigenen Erfahrungen wahrnehmen. Dagegen ist der „Schein“ zumeist oberflächlich, denn dieser beruht lediglich auf Sinneseindrücken, die in gewisser Weise durch bestimmtes Verhalten oder Kleidung manipuliert werden kann. Der Schein ist daher eine Illusion, die oft zu falschen Schlüssen führt (vgl. Sandkühler 2012, S. 2982). Man denke nur an eine Fata Morgana in heißen Wüstengebieten. Sobald man dem Schein von Wasser in der Ferne tatsächlich folgt, zeigt sich, dass diese Quelle nicht existiert. Man hat sich getäuscht (oder täuschen lassen). Anhand von Erfahrungen in Wüstengebieten hätte man erkannt, dass dort keine Wasserquelle zu finden ist. Man muss nach Buber jedoch einen *echten Schein* von einem Schein, der eine Lüge ist, unterscheiden. Es handelt sich um einen echten Schein, wenn es sich z.B. um eine Nachahmung eines Vorbilds handelt, die etwas Echtes im eigenen Selbst hervorbringt. Wenn ein Junge oder ein Mädchen eine Superheldenfigur nachahmt, dann versteht sie oder er durch die Nachahmung, was das Attribut „heldenhaft“ bedeutet. Superhelden sind meistens hilfsbereit, mutig und handeln zum Wohle der Gemeinschaft. Dies kann als Wertorientierung verinnerlicht werden (vgl. Buber 2017, S. 274). Der *Schein*, der eine Lüge beinhaltet, zielt dagegen darauf ab, etwas nach außen darzustellen, was man angeblich bereits ist, obwohl es nicht zu einem selbst gehört. Ein selbsternannter Superheld, der seine Kräfte für seine Zwecke und Ziele gebraucht ist eigentlich ein Anti-Held. Ein trügerischer Schein, so Buber, ist daher oftmals ein Trick, Bestätigung durch andere zu erfahren (ebd., S. 276).

Das Gerede

Bestätigung und Anerkennung erfahren Menschen auch, wenn sie der Meinung von anderen Menschen folgen. Für Heidegger gibt es bereits immer eine öffentliche Ausgelegtheit, also ein Konsens, wie man über bestimmte Sachverhalte oder Personen denkt. Dieser Umstand konstituiert lediglich ein durchschnittliches Verstehen von etwas oder jemandem. Das heißt, es geht gar nicht mehr darum, erst einmal wirklich selbst zu begreifen und zu verstehen, was fokussiert wird, sondern nur noch darum, auf die bereits ausgesprochenen öffentlichen Worte und Ansichten wiederum mit Worten oder Gesten zu *reagieren*. Das eigentliche Phänomen dahinter interessiert nicht wirklich, weil das „Worüber [...] ungefähr verstanden" wird (Heidegger 2006, S. 168). Wenn aus Rede das sogenannte „Ge-rede" wird, dann hat es den Bezug zum „beredeten Seienden", also zu dem, was ursprünglich thematisiert wurde, verloren. Durch Weiter- und Nachreden entsteht so der Eindruck, *die Worte* des Ge-redes seien essentiell wichtig. „Die Sache ist so, weil man es sagt!" (ebd.) ist ein Satz, den viele schon oft in oberflächlichen Gesprächen gehört haben, die von Menschen geführt werden, die gar nicht eigenständig hören und verstehen wollen oder können.

Heidegger geht sogar noch einen Schritt weiter und behauptet, das Ge-rede breite sich sogar auch schriftlich aus. „Ge-schreibe" würde von Lesern ebenfalls nicht hinterfragt. So würde sich auch hier ein durchschnittliches Verständnis angelesen. Ursprüngliche Gedanken würden dabei jedoch von bloßen nachgeredeten Gedanken nicht mehr unterschieden. Dadurch bestehe die bequeme Möglichkeit, scheinbar alles zu verstehen, ohne vorher über eine Sache Bescheid zu wissen. Heidegger ist der Meinung, dies sei ein Schutz, um am eigentlichen, echten Verstehen nicht mehr scheitern zu können. Zu erkennen, dass man etwas (noch) nicht verstanden hat und es sich einzugestehen, bedeutet, sich nunmehr intensiver, mental als auch zeitlich mit dieser Sache zu beschäftigen. Etwas nur oberflächlich zu verstehen, geht schneller und ist daher bequemer, weil weniger Ressourcen in Anspruch genommen werden müssen. Dieses Verhalten beinhaltet eine gewisse Gleichgültigkeit und Teilnahmslosigkeit, durch die man sich den Möglichkeiten, die Zusammenhänge in der Welt zu verstehen, entzieht. Für Heidegger ist Ge-rede daher die „Entwurzelung" vom eigentlichen Dasein in der Welt, weil man sich nicht mehr selbstständig aktiv mit der Welt auseinandersetzt (ebd., S. 169f.).

Der Bullshit

Die oben erwähnte Teilnahmslosigkeit erläutert der amerikanische Philosoph *Harry G. Frankfurt (*1929)* in seinem Buch *Bullshit*. Man kann darin vier Gefahren herauslesen, die sich für die Gesellschaft ergeben. Erstens handelt es sich beim Bullshit, welches man mit Gerede gleichsetzen kann, nicht um eine Lüge, sondern eher um einen Bluff, also mehr um eine Fälschung als um etwas per se Falsches. Man empöre sich daher nicht so schnell über Bullshit oder Ge-rede wie über eine Lüge, die Unwahrheiten beinhaltet. Zweitens ist ein Lügner durchdachter, analytischer und kreativer als ein Bullshiter, der eher improvisiert, als dass er ein systematisches Lügennetz spinnt (vgl. Frankfurt 2014, S. 39).

Die Wahrheit sei für den Lügner wichtig, denn er muss sie verschleiern. Ein Lügner kennt also eigentlich die Wahrheit und steht damit irgendwie in Verbindung zur Wirklichkeit. Dem Bullshiter sei die Wahrheit schlichtweg egal. Damit sei der Bullshiter der größter Feind der Wahrheit, weil er sie eben gar nicht mehr berücksichtigen will oder kann. Tatsachen würden gar nicht mehr wirklich erfasst und erkannt (ebd., S. 44f.). Drittens gebe es laut Frankfurt einen Grund, warum Menschen so agieren. Es seien die gesellschaftlichen Umstände und der damit verbundene Druck, die „Menschen dazu zwingen, über Dinge zu reden, von denen sie nichts verstehen. [...] Diese Diskrepanz findet sich häufig im öffentlichen Leben [...]." (ebd., S. 46). Eine skeptische Grundhaltung verhindere zusätzlich die Auseinandersetzung mit den realen Gegebenheiten. Man glaubt, etwas zu wissen oder man zweifelt alles Wissen an. Die vierte Gefahr, die durch solch ein Verhalten entsteht, ist, dass Menschen nur noch ihren eigenen Ansichten und Auffassungen vertrauen, die sich nicht überprüfen. Da viele Menschen jedoch mit der Fülle an Informations- und Kommunikationskanälen überfordert scheinen, resümiert Frankfurt: „Es ist, als meinte er [der Einzelne], dass das Bemühen um Tatsachentreue sich als sinnlos erwiesen habe." (ebd., S. 47). Zu undurchsichtig und komplex sind die Weltinhalte, die gesellschaftlichen Anforderungen und die menschlichen Beziehungen geworden, als dass man die Wahrheit gemeinsam aufrichtig suchen möchte und ausfindig machen kann. Viele Menschen begnügen sich aufgrund von Vermeidung der gedanklichen Anstrengung oder aufgrund von Versagensängsten mit oberflächlicher Sympathie oder Antipathie, erotischen Spannungen, mit einem unpersönlichen Beieinander, der Kameradschaft ohne Ziel und mit gemeinsamer Daseinsfreude in Sport und Spiel, um die kommunikativen Probleme, aber auch die bereits genannten Ängste zu überspielen. Das „Maßvolle in allem Verhalten" (Höflichkeit, Zurückhaltung, Offenheit) wie auch das komplette Gegenteil davon (persönliche Geltung, Gleichgültigkeit, Misstrauen) behindern die Kommunikation (vgl. Jaspers 1956, S. 97).

Der Abbruch

Wenn Menschen in ihrer Weltansicht und bei ihrer Meinung verharren, kann das in der Angst begründet sein, sich zu irren und sich vor jemanden zu blamieren. Die Angst, in der Kommunikation Fehler zu machen, und dem Gegenüber wissenstechnisch nicht gerecht zu werden, trage ebenfalls dazu bei, sich zu verstecken. Der Vergleich mit anderen führe oftmals dazu, den Anderen übertrumpfen zu wollen. Zur Sicherheit fokussieren Menschen sich auf die gesellschaftlichen oder familiären Rollen, die ihnen zugeteilt wurden. Die

Angst, sich zu zeigen, wie man ohne diese Rolle ist, führt oftmals dazu, dass Menschen stumm und gehemmt bleiben oder sich weitestgehend zurückhalten. Andere Menschen, die bestimmte Aussagen wie (1) „Ich bin nun mal so", (2) „Ich bin anderer Meinung und die allein zählt" oder (3) „Du kannst nicht verlangen, dass ich mit dir über so etwas diskutiere" tätigen, brechen die Kommunikation schlichtweg ab. Das Gegenüber fungiert nur als Mittel zum Zweck: Der Andere soll (4) das Klagen oder die Unzulänglichkeit des Gegenübers bejahen, (5) sich eine Meinung aufdrängen lassen, (6) für sein Gegenüber eine Entscheidung treffen, (7) sich um sein Gegenüber kümmern oder (8) die Ehre nicht angreifen (ebd., S. 87f.).

Herrschen und Dienen

„Herrschen und Dienen" als weiterverbreitete kommunikative Situation führt dazu, dass Menschen sich im Gespräch nicht auf Augenhöhe treffen, sondern in einer Ungleichheit den Lebenssinn finden. Das uneingeschränkte Aufschauen und die von Heidegger erwähnte Hörigkeit gegenüber bestimmten Personen wie Eltern, Mentor/in, Partner/in, führenden Persönlichkeiten, Gottheiten oder menschliche Institutionen führen darüber hinaus sogar zu kommunikationslosen Beziehungen. Kommunikationslos sind sie deshalb, weil in diesen Konstellationen keine Wechselrede, kein gleichwertiger Austausch erfolgt. Die ungleiche Bindung aneinander schützt vor der unerwünschten Einsamkeit (ebd. S. 92f.).

Bei all dieser Fülle an Problemen ist es gerade wichtig, die Möglichkeiten herauszustellen, die menschliche Beziehungen und die Kommunikation beinhalten. Denn es scheint gerade keine nachhaltige Lösung zu sein, sich gedanklich, emotional und räumlich von anderen Menschen zurückzuziehen, wenn man sich im Leben entwickeln und etwas Sinnvolles schaffen will. Um es mit Bubers Worten auszudrücken:

> Mir ist aus all den Zeiten des Menschen, um deren geistiges Werk ich weiß, nicht bloß keine große Gestaltung, sondern auch kein großer Gedanke bekannt geworden, dem nicht sein Ursprung aus dem das Selbst einsetzenden Kontakt mit Gegenüberseiendem abzulesen wäre. Was der Geist an gewordener Substanz werkhaft in die Zeiten trägt, ist ihm aus den rückhaltlosen Begegnungen seines personhaften Trägers mit der Anderheit zugekommen. (Buber 1986, S. 85)

4.7 Möglichkeiten der Kommunikation

Kommunikation und die darin verwendete Sprache stellt aber auch die Brücke zwischen Identität und Menschen dar.

Kulturelle Identität

Man kann mithilfe der Sprache nicht nur ein bestimmtes Sprachverständnis, sondern ein Verständnis für kulturelle Unterschiede und Fremdes erlangen, so wie es Buber im obigen Zitat erwähnt. Für den Philosophen *Peter Bieri (*1944)* läuft Verständnis in fünf Stufen ab. Die erste Stufe ist das „Nachplappern" von Worten. Die zweite Stufe bedeutet, sich ausdrücklich mit der Sprache zu beschäftigen und so über Ausdrucksweisen und deren Wirkung bewusst nachzudenken. Die dritte Stufe beinhaltet, eine eigene sprachliche Identität zu entwickeln, indem die Wahl der Sprache die Einstellung und Weltsicht des jeweiligen Sprechers transportiert. Die vierte Stufe ist laut Bieri, andere Sprachen, also Fremdsprachen zu erlernen. Dabei geht es primär darum, durch die „Fremdheit der Sprache auch die Fremdheit eines anderen Geistes kennen[zu]lernen" (vgl. Bieri 2015, S. 66). Dadurch erkennen wir, dass unsere Art zu denken, zu sprechen und zu kommunizieren nicht notwendiger Weise die einzige und richtige ist. Die fünfte und letzte Stufe ist die bewusste Entscheidung für eine Sprache, so wie es auch Dichter und Schriftsteller handhaben, wenn sie in einer anderen Sprache schreiben, weil sie das Gefühl haben, das Tempo und die Atmosphäre, welche die jeweilige Sprache mit sich bringt, passt zu dem, was sie ausdrücken möchten. Dadurch bemerkt man, dass die eigene Sprache und die Art der Kommunikation kontingent und nicht festgelegt sind. Diese Einsicht in die Kontinenz der Sprache und Kommunikation zu erfahren, gewährleistet eine allumfassende Bildung. Durch den Grad unserer Bildung entscheidet sich, ob wir Menschen unser Gegenüber wirklich tolerieren und ihm zuhören oder lediglich „flüchtige, opportunistische Lippenbekenntnisse" von uns geben (Bieri 2015, S. 66). Die Sprache und die Kommunikation kann demnach als explizites Mittel gesehen werden, um sich mit dem Fremden zu beschäftigen. Das bisherige Wissen kann dann mit dem neuen Wissen verglichen werden. Die Gleichheiten und die Unterschiede in den Sprachen können für Menschen ein Anreiz sein, die bisherigen sprachlichen Gewohnheiten zu modulieren, zu erweitern und damit fremden Menschen leichter begegnen zu können. Interessant an den Gedanken von Bieri ist, dass er die Stufen des sprachlichen Verstehens mit der Ausbildung einer kulturellen Identität verknüpft. So, wie wir Sprachen und dessen Wirkung miteinander vergleichen können, so kann man verschiedene Auffassungen von Menschenbildern vergleichen, die man im Laufe des Lebens durch die Anderen und durch das Fremde kennenlernt. Das jeweilige Menschenbild formt sich je nachdem, was dem Wesen des Menschen zugrundegelegt wird. Sich bewusst für eine Sprache oder ein Menschenbild aus vielen zu entscheiden, bedeute Selbstbestimmung und kommt einem Erwachen unseres Selbst gleich (ebd., S. 83). Sprache ist also ein wichtiger Bestandteil, sich mit dem Anderen auseinanderzusetzen, sich zu bilden und sich mithilfe einer bewussten Kommunikation in die Welt und deren Vielfalt einzugliedern.

Selbstwerdung

Sind Menschen fähig und bereit, mit anderen zu kommunizieren, so besteht die Chance auf „[d]as Selbstwerden mit den Anderen“ (Jaspers 1956, S. 81). Ein Mangel in zwischenmenschlichen Beziehungen kann irgendwann im eigenen Leben spürbar werden, sodass der Wunsch nach Tiefe und Verbundenheit mit sich selbst und mit anderen Menschen, aber auch nach aufrichtiger Anerkennung unbewusst oder bewusst wachse. Menschen können nicht immer mit anderen verbunden sein. *Einsamkeit* sei laut Jaspers ein wichtiger und unverzichtbarer Bestandteil, um aus dem Mangel der bisherigen ungenügenden kommunikativen Beziehungen heraus für Berührungen mit anderen und tiefergehende Gespräche offen zu sein. Das „Sichfinden“ und damit im übertragenden Sinne „Sichberühren" geschieht jenseits aller gesellschaftlichen Formen und Rollen, indem diese überwunden werden können (ebd., S. 97). Friedrich Herder war der Auffassung, dass wir erst durch eine *Berührung* Widerstände erleben, gleichzeitig aber von einem Gefühl der Anziehung durchdrungen sein können. Durch Berührung erschließen wir uns die Welt und konstituieren so die Wirklichkeit (vgl. Bollmann 2021, S. 108). Durch die jeweilige Gesellschaft ist jedoch oftmals festgelegt, wann man etwas und wie berühren darf oder nicht. Wir erinnern uns an die Proxemik, die verschiedene Raumdistanzen festlegt, die wiederum Menschen verbinden oder trennen können. Mit einer Berührung überschreitet man immer tatsächliche Grenzen (Raum, Landschaft, Körper) und imaginäre Grenzen (Blicke, Gedanken, Wertvorstellungen).

Schnell geschieht es, dass Menschen durch ein Berührenwollen oder durch eine tatsächliche Berührung etwas beschädigen oder jemanden verletzen. Was daraus resultiert, ist, dass Menschen lernen, sich zurückzuhalten, etwas nur zaghaft berühren oder Menschen distanziert, unpersönlich und eher oberflächlich treffen. „Scheue Distanz öffnet nie den Weg von Mensch zu Mensch.“ (Jaspers 1956, S. 78). Es braucht eine gewisse angstfreie Offenheit für eine mögliche

„Berührung“ mit anderen. Diese befinde sich oftmals in einer Spannung zwischen Gesellschaft und Selbstsein. Diese Spannung müsse von Menschen überwunden werden, um die wahrhafte Kommunikation und daher um die Selbstwerdung „kämpfen“ zu können (ebd., S. 97). Das bedeutet nicht, dass wir jeden Menschen auf der Straße ansprechen sollen. Jaspers sagt: Ich „zerstöre schon Kommunikation, wenn ich sie mit möglichst Vielen suche. Will ich allen, d.h. jedem, der mir begegnet, gerecht werden, so erfülle ich mein Dasein mit Oberflächlichkeit“ (ebd., S. 60). Der Sinn und der Wert der Kommunikation ergibt sich also erst im Maß zwischen Einsamkeit und Hingabe und nicht in ihren Extremen, also im Rückzug oder im pausenlosen Kontakt mit anderen Menschen. Vermehrtes und oberflächliches „Duzen“ anderer Menschen ist ebenso wenig ein Garant dafür, aufrichtige Beziehungen zu stiften. Wenn Beziehung „Erwählt-werden und Erwählen, Passion und Aktion in einem“ (Buber 2017, S. 17) ist, dann ist in ihr ein Teil enthalten, den Menschen nicht bewusst steuern oder beeinflussen können. Es kommt auf eine gegenseitige Zuwendung an, die zwischen Menschen entsteht. Im Leben von Martin Buber gab es sehr wenige vertraute Menschen, die er tatsächlich mit „Du“ ansprach (vgl. Mendes-Flohr 2022, S. 189). Denn dafür verlässt man oftmals die bloße gesellschaftliche Rolle. Zeigt man sich dem Anderen, wer und wie man ist, begibt man sich auf ein Terrain, auf dem man freier agieren kann, um so Möglichkeiten von Ideen und Aufgaben auszuloten.

Warum ist der Andere so wichtig dabei? Neben der Bestätigung und Anerkennung, die man für sein Selbst-Sein erfährt und die man seinem Gegenüber ebenfalls zukommen lasse, wird man gegenseitig die jeweiligen Meinungen und Denkweisen hinterfragen und so auf die Probe stellen. Der Philosoph Sokrates war nie müde, seinem Gegenüber immer weitere Fragen zu einem bestimmten Thema zu stellen, sodass der Befragte selbst zu einer tieferen Erkenntnis kam; hieran wird noch einmal deutlich, wie diese Selbstwerdung in der Kommunikation gemeint sein kann. Wenn man mit jemandem diskutiert, Buber nennt es auch im Dialog partnerschaftlich bekämpfe, so kann man mit ihm herausfinden, was man jeweils über sich und die Welt denkt, woran man glaubt und was man eigentlich will. Menschen können sich und die Welt durch die Kommunikation mit anderen besser verstehen und ihre bisherigen Ansichten und ihr Selbstbild korrigieren. Um dieses „innerste Wachstum des Selbst“ (Buber 1978, S. 36) zu kämpfen, bedeutet auch, Uneinigkeit und Unsicherheit zu erleben und diese nicht als trennende, sondern als verbindende Elemente zwischen Menschen zu verstehen. Solange man nicht verstanden habe, was wirklich in einem und in der Welt vorgehe, so lange sollte man weiter miteinander reden, anstatt die Kommunikation aufgrund von Anstrengung oder Ängsten abzubrechen. Für Jaspers ist sie zwar damit ein unendlicher Prozess, aber gleichzeitig die Chance „erst in Bewegung zwischen zuhörendem Verstehen und antwortendem Denken schöpferisch“ zu werden (Jaspers 1956, S. 70).

Das echte Gespräch

Ein „echtes Gespräch“, wie Buber es nennt, kann vorher weder konkret Punkt für Punkt durchdacht werden, noch sollte es von einer Person dominiert werden. Jeder, der daran teilnimmt, sollte sich einbringen können und wollen. Das, was geäußert wird, solle das widerspiegeln, was derjenige wirklich zum Thema denke. Sie oder er sollte nichts zurückhalten wollen (aber nicht im Sinne von überbordendem und unkontrolliertem Redefluss). Nur so kann ein Thema fruchtbar unter Partnern besprochen werden (vgl. Buber 2017, S. 289ff.). „Weil das echte Gespräch eine ontologische Sphäre ist, die sich durch die Authentizität des Seins konstituiert, kann jeder Einbruch des Scheins es versehren.“ (ebd., S. 289). „Echt“ verbindet Buber mit demnach dem Wort „authentisch“, von griech. "Gewaltherr“, „Urheber“ (vgl. Ritter et al., S. 691). Authentizität ist demnach die Grundvoraussetzung für echte Gespräche. Wenn jemand authentisch ist, dann handelt er zuverlässig und glaubwürdig, weil er der eigentliche Urheber und Gewaltherr seines Verhaltens und damit seines Lebens ist (vgl. Prechtl; Burkard 2008, S. 55). Glaubwürdig ist jemand, dessen Fühlen, Handeln, Denken und Sprechen *nicht* im Widerspruch stehen, wie es zum Beispiel bei den bereits erwähnten inkongruenten Mitteilungen der Fall ist. Die „Authentizität des Seins“ ist demnach eine Lebens- und Daseinsweise, die dem jeweiligen eigenen Wesen entspringt beziehungsweise entspricht und nicht hauptsächlich fremdbestimmt ist. Man muss dabei bedenken, dass jede Person in eine Geschichte, in Traditionen und Lebensweisen einer Gesellschaft und eines speziellen Umfelds eingebettet ist. Aufgrund dessen kann man kritisieren, dass Menschen nicht losgelöst ohne eine gewisse Fremdbestimmung zu denken und zu handeln fähig sind (vgl. Ritter et al., S. 693). Das kann an dieser Stelle nicht weiter diskutiert werden. Worauf Buber meiner Ansicht nach anspielt, ist das Bewusstsein und die Anerkennung für das eigene Wesen und das des Anderen, wodurch ein gewisser Grad an Authentizität ermöglicht werden kann. Menschen brauchen für diese Gespräche das Es, die mit dem Begriff der „Weltinhalte“ angesprochen wurden, durch die sich Menschen gemeinsam sinnstiftend in die Welt einbetten.

Erinnern wir uns an die Ausführungen Bieris oder Jaspers, so ist gerade die Beschäftigung mit dem Es in Form von Sprache und Bildung eine wichtige

Komponente, die uns selbst, aber auch das Miteinander gestaltet und gemeinsame Nähe ermöglicht. Aus Bieris Sicht begründet sich das daher, weil wir uns mit dem Fremden (Sprache, Kultur) beschäftigen und so uns, unsere Kultur und unser Menschenbild als einzigen gesetzten Maßstab überdenken. Aus Japsers Sicht, weil wir in der Einsamkeit, in der wir uns vorrangig mit dem Es beschäftigen (Inhalte, Gegenstände, Erfahrungen, Gedanken), und aus dem Empfinden eines Mangels heraus den Wunsch entwickeln, uns mit anderen wirklich zu unterhalten und wieder deren Nähe zu suchen. So wie Menschen die gesellschaftlichen Rollen brauchen, um den jeweiligen Aufgabenbereich in der Welt sinnvoll mit anderen abzustecken, so benötigen Menschen es auch, die Rolle zu verlassen und sich als Personen zu begegnen, um zu bemerken, dass nicht nur ihre Rolle, sondern sie als Menschen zählen und von anderen gesehen und anerkannt werden. Ist dies im digitalen Raum möglich?

5. Analog und Digital

Die Begriffe „analog“ und „digital“ werden zumeist oppositionell verwendet. Zu dieser Thematik haben Böhnke und Schröter ein Buch mit dem Titel *Analog/Digital – Opposition oder Kontinuum? Zur Theorie und Geschichte einer Unterscheidung* herausgegeben. Diese klare Unterscheidung stamme aus der Mediengeschichte, in der fotografische und analog-elektronische Bilder beziehungsweise analog-elektronische mechanische Tonmedien von den digitalen Nachfolgern abgegrenzt werden. Dabei sei es wichtig, ob diese Unterscheidung symboltheoretisch, systemtheoretisch oder medienarchäologisch erfolge. Unreflektiert und vorschnell würde „analog“ als alt und „digital“ im Sinne von „neu, fortschrittlich und computer-technisch“ verwendet (vgl. Böhnke/Schröter 2004, S. 7f.). Die These von Böhnke und Schröter lautet, dass die digitale Revolution kein radikaler Einschnitt in die bisherigen veralteten Verhältnisse sei, sondern, dass es sich dabei lediglich um eine Transformation des Bisherigen handle, welches erst die Grundlage dafür biete (ebd., S. 24). Dennoch gibt es im Hinblick auf die Kommunikation Auffassungen, „analog“ und „digital“ zu unterscheiden. Die digitale Kommunikation bedeute Alles-oder-Nichts (0/1-Codierung), in der man sich willkürlich auf etwas beziehen könne. Dahingegen würden in einer analogen Kommunikation die Ähnlichkeiten zwischen Kommunikation und Gegenstand integriert (vgl. Baecker 2017, S. 2).

Die Begriffe und ihre Konnotationen sind vielfältig und abhängig vom Kontext, in welchem sie verwendet werden. Dennoch ist es wichtig, diese Begriffe zu thematisieren. Diese sollen nun im Folgenden umrissen werden.

5.1 Analog

Analog bedeutet bildungssprachlich „ähnlich, vergleichbar, gleichartig“. In der elektrischen Datenverarbeitung entspricht er den Begriffen „kontinuierlich“ oder „stufenlos“. Die Physiker verwenden ihn, laut Duden, wenn ein Phänomen durch dieselbe mathematische Beziehung beschrieben werden kann.[17] Im Metzler Lexikon Philosophie wird der Begriff der „Analogie“ als „mehrstelliger Prädikator, der die Ähnlichkeit, d.h. die Übereinstimmung zweier oder mehrerer Sachverhalte hinsichtlich gewisser Merkmale bezeichnet“. Es gebe verschiedene Arten von Analogien, die auf Verhältnisse, Funktionen, Strukturen rückschließen ließen (vgl. Prechtl/Burkard 2008, S. 22). Aus diesen kurzen Erläuterungen zeigt sich, dass man den Begriff eng oder weit fassen kann und eine klare Definition nicht auffindbar ist (vgl. Böhnke/Schröter2004, S. 42). Daher möchte ich mich dem Begriffspaar „analog/digital“ mithilfe der Erläuterungen vom Gestalter und Graphik-Designer Aicher Otl nähern.

Otl versucht die Begriffe anhand nachvollziehbarer alltäglicher Beispiele zu erläutern, während der amerikanische Philosoph John Haugeland überwiegend technisch und mathematisch ins Detail geht. Unter anderem führt Otl zwei Beispiele in seinen Erläuterungen zu *digital* und *analog* an, die er mit seinen grundlegenden Annahmen zum menschlichen Denken verbindet.

Wenn man verreisen wolle, habe man zwei Möglichkeiten, zum Zielort zu gelangen: Entweder man benutze eine Landkarte bzw. Straßenkarte (entspricht *analog*) oder man lese einen Reiseführer mit einer konkreten Routenbeschreibung (entspricht *digital*). Schaue man auf die Landkarte, so kenne man die Richtung, könne diese aber zunächst nicht genau in Einzelheiten schildern. So stelle die Landkarte alles auf einen Blick zur Verfügung. Derjenige, der die Karte benutze, könne aufgrund der Überblicksdarstellung der Landschaft Zusammenhänge erfassen (vgl. Otl 1991, S. 45 ff.).

Ähnlich verhalte es sich mit einer Zeigeruhr, wobei das Ziffernblatt, ähnlich wie die Landkarte die Landschaft, die Zeitlandschaft abbilde. Der Stand des Zeigers gibt an, ob es vormittags oder nachmittags ist. Man erhält dadurch einen zeitlichen Überblick über den Tag. Es bestehe deshalb eine Relation zum Tag. Dadurch, dass die Zeigerstellungen als Bild im Kopf verankert sind, könne man diese schnell lokalisieren und die Uhrzeit ablesen. Ebenso kann man mit einem Blick erfassen, ob man zu spät oder zu früh ist (ebd.).

---

17 Vollständigkeitshalber: Haugeland erwähnt zum Beispiel in seinem Aufsatz konkret analoge Vorrichtungen wie Fotografien, lineare Verstärker, Lautsprecher, maßstäbliche Modelle und elektronische Analogrechner. Die Übertragung durch diese Medien erfolge lückenlos, wobei die kleinsten Unterschiede wahrgenommen werden. Somit weist er ihnen die Merkmale Glätte (Lückenlosigkeit), Empfindlichkeit und Dimensionalität (nur bestimmte Dimensionen sind entscheidend) zu.

Die analoge Angabe der Zeigeruhr zeige demnach Verhältnisse und Beziehungen zur Welt an. Diese werde jedoch zunehmend unpräzise, sobald die Batterie leerliefe oder die Zeiger falsch abgelesen würden (ebd.).

Otl verknüpft demnach auch die *analoge Kommunikation* mit der sinnlichen Wahrnehmung, besonders mit dem Sehsinn. Er geht davon aus, dass das menschliche Denken generell an die visuelle Wahrnehmung gekoppelt ist. Mittels Wahrnehmung würden Menschen denken, und mithilfe des Denkens sei Wahrnehmung möglich. Karten, Erinnerungen, Vorstellungen und Träume seien Bilder. Diese wahrnehmbaren Inhalte, die sich nebeneinander vergleichen ließen, stellten eine Analogie her (vgl. Otl 1991, S. 45 ff.). So hebt Otl besonders das analoge Denken[18] und demnach das analoge *Sehen* hervor, welches denselben Vorgang bezeichnet. *Der Mensch denke demnach in Bildern.* Ein Bild sei hier verstanden als „Rahmen mit verschiedenen Inhalten, die gleichzeitig wahrnehmbar und vergleichbar und damit bewertbar sind." (ebd., S. 48ff.). Im Vergleich mit anderen Kulturen oder Traditionen, Systemen und anderen Menschen könne der Mensch erst kritisch seine eigene Position beziehen (ebd.). Der Arzt und Psychotherapeut Gerhard Danzer formuliert eine pathologische Folge, wenn dies nicht adäquat geschieht: „Distanz und Einsamkeit sind verantwortlich dafür, dass Individuen den in ihnen aufsteigenden Bildern, Phantasien und Hirngespinsten keine korrigierende Realitätsprüfung entgegensetzen können; sie müssen an sie glauben, sobald der Korrekturfaktor Mitmensch wegfällt." (Danzer 2012, S. 127)[19]. Hieran zeigt sich die Macht der Bilder.

Als Grafikdesigner bezieht Otl seine grundlegenden Annahmen jedoch auf die Sprache der Bilder (z.B. Piktogramme im Straßenverkehr), bei denen neben

---

[18] In diesem Eintrag ist auch vermerkt, dass die moderne Sprachwissenschaft davon ausgeht, dass mithilfe der sprachlichen Analogiebildungen der Menschen der Sprachwandel erklärt werden könne. Die Sprecherinnen und Sprecher formen neue, noch fehlerhafte Sätze analog zu den alten. Diese etablieren sich später als anerkannte sprachliche Formen. Kinder lernen ebenfalls über Analogiebildungen Sprachen (z.B. Lisa isst ein Brötchen. Der Hase frisst eine Möhre). Das bestärkt die Aussage, dass Menschen primär analog denken und sehen.

[19] Dabei ist jedoch nicht entscheidend, wie die Beziehung beschaffen ist. Ich habe Martin Bubers Beziehungsauffassung daher nicht unter *analog* eingeordnet, aber auch, weil Analogie und das analoge (vergleichende) Sehen nicht mit der Ich-Du-Beziehung vereinbar ist.

ihrer Funktion auch die Darstellung entscheidend ist, damit sie entschlüsselt und verstanden werden können.[20]

Das Analoge deutet auf Verbindungen, Verhältnisse und Beziehungen in der Welt hin.

Wie verhält es sich nun mit dem Digitalen? Man könnte nun annehmen, dass dieser Begriff das Gegenteilige widerspiegelt. Tut er das wirklich?

5.2 Digital

Der Ursprung des Begriffs ist das lateinische Wort „digitus" („Finger"). Mithilfe der Finger kann etwas gezählt und somit in Zahlen umgesetzt werden. Demnach bedeutet der Begriff „digital" in der Technik, dass etwas in Form von Ziffern, also einem Code, dargestellt wird.

Was bedeutet das genau? Otl erklärt den Begriff anhand eines Reiseführers mit Routenbeschreibungen (im Gegensatz zur Landkarte, siehe Kapitel 5.1 Analog). Man erhalte mit dem Reiseführer keinen gesamten Überblick über die Landschaft. Folge man der angegebenen Routenbeschreibung, so erfahre man präzise, wo sich auf der Strecke sehenswerte Burgen und empfehlenswerte Restaurants befinden. An den Zielort gelangt man, weil man der Anweisung folgt, welche die restliche Landschaft nicht thematisiert. So sehe man nicht, wie sich die Landschaft im Ganzen zeige. Man erhält eine vorgefertigte Auswahl an Informationen.

Übertragen auf eine Digitaluhr hieße das, die Uhrzeit ließe sich präzise auf die Sekunde genau ablesen. Man erhielte exakte Zahlenwerte (vgl. Otl 1991, S. 45). Diese stehen jedoch losgelöst für sich. So müssten sie erst von Menschen eingeordnet und in einen Zusammenhang gebracht werden. Haugeland schreibt, dass Zahlzeichen (arabische Zahlen), Alphabete, Notenschriften, Spielmarken und (digitale) Rechner ebenfalls diesen Sachverhalt darstellen. Es würden bestimmte Schreib- und Leseverfahren benötigt, um Zahlzeichen zu encodieren und zu verstehen. Daher bezeichnet man etwas in der Physik als „digital", wenn es in Stufen oder Einzelschritten erfolgt.

Man kann hier nun einwerfen, dass man eine Zeigeruhr auch erst einmal lernen muss, zu lesen. Das stimmt zweifellos, aber mit dem Unterschied, dass der Mensch die Uhrzeit bei einer Zeigeruhr nicht noch einmal in einem zwei-

[20] Das sei besonders bei Werbung und Werbeprodukten zu beobachten. Die technische Qualität und das Aussehen bzw. die Darstellung des Produktes würden gleichwertig von den Herstellern bedacht (vgl. Otl, 1991, S. 50).

ten Schritt in eine Beziehung setzen muss. Ähnlich scheint es sich mit digitalen Geschwindigkeits- oder Tankanzeigen zu verhalten. Daher integrieren wahrscheinlich einige Hersteller neben dem exakten Zahlenwert die analoge Anzeige in den Autocomputer.[21]

Was jedoch diese digitalen Inhalte verbinde, seien die Gemeinsamkeiten, dass man sie meist fehler- und verlustfrei kopieren könne. Man könne durch ihre Kombination komplexere Sachverhalte darstellen (lediglich zehn arabische Zahlen sind nötig, um alle Zahlen der Welt darzustellen) und man erhält die Gleichwertigkeit in unterschiedlichen Medien. Somit gelte für (ich nenne sie „digitale Zeichen"), dass sie kopierbar, komplex und medienunabhängig seien (vgl. Böhnke/Schröter 2004; S. 33ff.).

Sind das möglicherweise einige Gründe, warum die sogenannte *Digitalisierung* immer weiter voranschreitet? Im folgenden Kapitel möchte ich darstellen, was dieser Begriff inhaltlich bedeutet, und welche Möglichkeiten, aber auch Herausforderungen damit verbunden sind.

5.3 Digitalisierung

Das Wort selbst trägt die Markierung des Prozesshaften durch das Suffix „-ierung". „Digitalisierung" bedeutet, dass Computer zunehmend am beruflichen und privaten Alltag beteiligt sind und die Gesellschaft so maßgeblich strukturiert wird. Außerdem würde in Anlehnung an die Begriffsbeschreibung „digital", die multimediale Kommunikation (Ton, Bild, Video, Text) auf einen binären 0/1-Zahlen-Code übersetzt und damit reduziert (vgl. Baecker 2017, S. 1). Diese Codierung könne man übersetzen mit den Relationen „Entweder-Oder", „Wenn, dann" oder „Wenn nicht, dann nicht" (ebd., S. 60). Besitzt der Mensch ein ans Internet anschlussfähiges Gerät, so kann er sich mit anderen Menschen oder Inhalten vernetzen. Das größte weltweite Computer-Netzwerk ist das *Internet* (vgl. Misoch 2006, S. 37). Es archiviert umfassende Wissensbestände und bietet Plattformen für Videos, aber ebenso Kommunikations- und Diskussionsräume. „Das Internet ist ein Geschäft, eine Arztpraxis, ein Spielplatz, eine Sozialgemeinschaft und allgemein ein Informations-, Kultur- und Unterhaltungsmedium. Es ist demnach ein Hybrid, welcher Kommunikationsformen, Dienste und Angebote in sich vereint." (Bleicher 2010, S. 9). Das wiederum be-

---

21 Ich danke meinem Vater Michael Köbe für diesen Hinweis. Er bemerkte dieses Phänomen an seinem neuen Motorrad.

deute, enormen Platz zum Speichern von sämtlichen Daten zur Verfügung zu haben (vgl. Otl 1991, S. 47).

Laut Niklas Luhmann stellt die Digitalisierung den Menschen vor die Herausforderung, einen Überschuss an Daten und Informationen zu produzieren, auf den der Mensch mit seinen bisherigen strukturellen und kulturellen Mitteln nicht reagieren kann.[22] Die traditionellen Kategorien *Natur, Kultur, Technik, Ethik, Mensch und Gesellschaft* würden durch diesen unübersichtlichen Überschuss der Theorie unschärfer werden. In Hinblick auf die Digitalisierung würden die Kategorien, die den Menschen bisher in seiner Lage beschrieben und stabilisierten, wieder in neue Fragen umgewandelt, worauf neue Antworten gefunden werden müssten (vgl. Baecker 2017, S. 2). Was man aber laut Baecker nicht vergessen darf: Die Gesellschaft wird durch die Gesellschaft digitalisiert. Sie erprobt dadurch, wie die Kommunikation mit und durch Maschinen zweckmäßig genutzt werden könne (ebd., S. 59).

Menschen als Zahlenwerte

Ich bekam einmal eine E-Mail vom *Google*-Unternehmen[23] mit dem Betreff „Deine Highlights des Jahres 2018". Darin wurde unter anderem aufgelistet, dass ich 69 Orte, 15 Städte und zwei Länder besucht habe. Darüber hinaus habe ich 10.328 km zurückgelegt, die 25% des gesamten Erdumfangs entsprechen. Von diesen 10.328 km habe ich 197 Stunden (637 km) zu Fuß, 11 Stunden (60 km) auf dem Fahrrad und 390 Stunden (8.541 km) mit Bahn, Bus und Auto zurückgelegt.

Als ich diesen Inhalt las, den ich bewusst nie angefordert hatte, war ich fasziniert, ratlos und schockiert zugleich. Es war interessant, mein Jahr 2018 und damit einen Teil meines Lebensstils in Grafiken und Zahlen dargestellt zu sehen. Ich habe mich jedoch ebenso gefragt, welche Schlüsse ich aus diesen Zahlen ziehen kann und überhaupt ziehen sollte: War ich zu viel oder zu wenig unterwegs? Ist das gut oder schlecht für meine Zufriedenheit oder meine Gesundheit? Wie gestaltet sich die Übersicht bei anderen Menschen? Und vor allem: Wie verwendet *Google* diese Zahlen weiter?

---

22 Außerdem erläutert Baecker zum Überschuss, dass Inhalte zu Vernunft, Bildung und Aufklärung, wenn sie einmal im Internet veröffentlicht wurden, von jedem gelesen werden, ohne dass nachvollziehbar sei, wer genau was liest. Das würde das Äußern von Kritik erleichtern und zur Dynamisierung der Kommunikation führen (vgl. Baecker 2017, S. 4ff.).

23 Mit der Bezeichnung als *Unternehmen* ist die Verbindung zur Ökonomie offensichtlich. Das Konsumverhalten wird durch das Internet maßgeblich beeinflusst.

Besonders habe ich mich in meiner Privatsphäre angegriffen gefühlt. *Google* wies mich darauf hin, dass ich im Smartphone meine Standortfunktion angeschaltet habe. Mit dieser hatte das Unternehmen Zahlen und Daten über mich gesammelt. Diese nutze ich jedoch vorrangig, um Verkehrsverbindungen, Öffnungszeiten oder Wegbeschreibungen herauszusuchen, was im Alltag hilfreich ist. Im Umkehrschluss heißt das jedoch auch, dass meine Daten wahllos gesammelt werden. Wie bei einer Digitaluhr, nur komplexer, sehe ich diese Zahlen, kann diese aber nicht in einen Zusammenhang bringen, denn das überfordert mich. Beiläufig sei an dieser Stelle das Stichwort „Big Data“[24] erwähnt, welches eng im Zusammenhang mit der Digitalisierung steht. Dirk Baecker beschreibt Big Data inhaltlich als „Wachsen von Datenspeichern mit dem Versprechen des Gewinns neuartiger Kenntnisse aus raffinierten statistischen Verfahren“ (Baecker 2017, S. 3). Wo ist der versprochene Erkenntnisgewinn über mein Jahr 2018, der mir in der E-Mail möglicherweise implizit angeboten wurde? Diese Frage bleibt offen. Ich habe in meiner Datenschutzeinstellung diese Funktion dann ausgestellt. Es offenbart sich mit diesem Beispiel jedoch eine gravierende Problematik.

Die zweite Natur des Menschen

Jeder Mensch hat mittlerweile eine zweite Natur, die sich in Zahlen und Werten ausdrücke, so Otl. Er schlüsselt den Menschen in schulische Werte, biologische Größen, in die Herkunft und in die Familie, in Zahlenwerte seiner Arbeitskraft, als Gehaltsempfänger, als Verkehrsteilnehmer, als Versicherungsnehmer, als Staatsbürger und in seine Kaufkraft[25] auf. So würde der Mensch anhand von Zahlen generalisiert, anstatt als konkretes Individuum wahrge-

[24] Wenn mithilfe bestimmter Algorithmen Daten über den sogenannten *User* gesammelt wurden, wird die Internetpräsenz teilweise von z.B. Suchergebnissen oder Werbeschaltungen auf ihn und seine Interessen zugeschnitten. Das kann den Vorteil mit sich bringen, dass man einfacher auf Dinge zugreifen kann, die einem zusagen. Der Nachteil ist, dass man sich in sogenannten *Filterblasen* oder in *Echokammern* (Austausch mit gleichgesinnten Usern) befindet und nur mit dem bisher Vertrauten Umgang pflegt (vgl. Wilhelm, Ulrich 2018, S. 28).

[25] Der Psychoanalytiker *Erich Fromm (1900-1980)* schreibt, dadurch, dass der Kunde früher in kleinen Läden als Mensch wahrgenommen wurde, hätte er ein Gefühl von Wichtigkeit und Würde besessen. Verglichen mit einem Warenhaus sei er jedoch nur als abstrakter Kunde wichtig. Der Mensch als konkreter Kunde sei nicht mehr von Bedeutung (vgl. Fromm 2018, S. 97). Fromm bezog dieses Phänomen seinerzeit auf Warenhäuser und nicht auf das Internet, welches damals noch nicht existierte. Man kann sich vorstellen, welche kritische Position er zum Internet beziehen würde.

nommen zu werden. Die Generalisierung, so schreibt Otl, findet sogar in Bezug auf Krankheiten statt. Für die moderne Gesellschaft gebe es keine *besonderen* Krankheiten, sondern nur Krankheiten, die anhand objektivierbarer Daten diagnostiziert und anhand von zugehörigen Standards therapiert werden. Der Mensch in der Rolle des Patienten sei nicht mehr ein konkretes Individuum, sondern vielmehr seine Blutwerte, sein Fettspiegel und seine Leberwerte. Dabei würde vergessen, dass Krankheit sich nicht nur in den Abweichungen von genormten Zahlenwerten begründen ließe, sondern ebenso biographischen Ursachen zuzuschreiben sei (vgl. Otl 1991, S. 47).

In Anlehnung an das Problem der Generalisierung in der Medizin, die mit der Digitalisierung einhergeht, verfasste Gerhard Danzer ein Buch mit dem Titel *Personale Medizin* (2012), das eine Gegenrichtung anstrebt. Danzer betont den individuellen Menschen, der als Person grundsätzlich (an)erkannt, angehört und behandelt werden sollte. Das bedeute, man müsse die Person in große (Lebenswelt, Biographie, Geschichte, Kultur und Gesellschaft) und kleinere Zusammenhänge einordnen (Organ- und Zellenfunktionen, Gedanken, Wahrnehmungen etc.) (vgl. Danzer 2012, S. 18). Danzer schreibt: „Neben der Technik des Typisierens und Verallgemeinerns braucht es demnach die Kunst des Individualisierens, ohne die es im konkreten Individualfall keine realitätsgerechte Beschreibung gesunder oder kranker Zustände von Menschen gibt." (ebd., S. 93). Es ist daher immer wieder nötig, den individuellen Menschen nicht aus den Augen zu verlieren.

Wer denkt, dies sei durch die Codierung der letzten Jahrzehnte geschehen, der lässt außer Acht, dass die Codierung kein modernes Phänomen ist. Ich erinnere daran, dass sowohl im Kapitel über Kommunikation als auch im Kapitel über den Begriff „digital" erwähnt wurde, dass die Sprache als Medium fungiert. Die darin befindlichen „diskreten, diskontinuierlichen und arbiträren alphanumerischen Zeichen" sind die jeweiligen Buchstaben, die miteinander kombiniert werden. Menschen kommunizieren nicht nur seit der Digitalisierung mit codierten Zeichen, sondern schon, seitdem es das Alphabet und die Literatur gibt. Jörgen Schäfer gibt zu bedenken, dass mit dem Hintergrund dieser Perspektive der Begriff „digitale Medien" leider heutzutage kaum hinterfragt wird. Für ihn ist Codierung daher kein ausschlaggebendes Charakteristikum der Digitalisierung (vgl. Böhnke/Schröter 2004, S. 146ff.). Dennoch findet die Codierung der Kommunikation heutzutage komplexer und in größeren Strukturen statt.

Der Journalist Ulrich Wilhelm, der eine Vorlesung zur Medienethik im digitalen Zeitalter hielt, benennt vier für ihn wesentliche damit zusammenhängende Entwicklungen der digitalen Medien: Die Individualisierung[26], die Unübersichtlichkeit, die Beschleunigung und die Verantwortungslosigkeit (vgl. Wilhelm 2018, S. 25).

Die Digitalisierung ermöglicht den Menschen, die Welt komplexer und vielfältiger zu fassen und zu gestalten. So versucht der Mensch in jedem (Lebens-)Bereich, mal nachvollziehbarer, mal weniger nachvollziehbar, mal bewusst, mal unbewusst, zu optimieren, zu beschleunigen, zu vervielfältigen oder zu erhöhen. Diese Lebensgestaltung hängt eng mit den Leistungsanspruch und den kapitalistischen Strukturen der westlichen Gesellschaft zusammen.

Mit Fokus auf das Internet bedeute das einerseits, dass es zwar den Vorteil gibt, dass der Mensch online auf Wissen in Form von Texten und Videos in Fülle zugreifen kann. Dabei sollte er aber eine skeptische und emotionaldistanzierte Haltung zu den Inhalten einnehmen (Gerede, Bullshit, Problem der *Fake-News*), was durch die Unübersichtlichkeit im Internet nur schwer gelingt (ebd., S. 53). Denn durch die Codierung wird der Mensch selbst im Internet *unsichtbar*, könne so schneller (oftmals auch unerwünschte und kriminelle) Inhalte posten oder (emotionale) Kritik an anderen üben, weil er sich mit keinem Gegenüber aktiv auseinandersetzen und sich reflektiert erklären muss.[27] Er könne sich einfach ausklinken, indem er offline gehe.

Es gibt aber auch positive Aspekte: Jederzeit können sich Menschen online mit anderen Menschen aus beruflichen oder privaten Gründen vernetzen, die auch außerhalb der gewohnten Umgebung oder des eigenen Landes leben. Es kann ein produktiver Austausch entstehen und die Multiperspektivität angeregt werden. Sofern Menschen dazu gewillt sind und explizit danach suchen, können sie sich mit *Fremden* auseinandersetzen. Das Fremde, mit dem Menschen bis dahin Gefühle der Angst und Unsicherheit verbunden haben, könne durch den Kontakt im Netz die Neugier wecken und dies als Chance gesehen werden (vgl. Fuchs/Farokhifar 2016, S. 7).

Diese lückenhafte überblicksartige Darstellung lässt die verschiedenen Auswirkungen der Digitalisierung bezüglich des Internets lediglich erahnen.

---

[26] Wilhelm sieht in der Entwicklung der Individualisierung ein gewisses Problem: Die sogenannten Filterblasen (auf den User zugeschnittene Inhalte, Kontakte und Werbung) und der sogenannten fünften Gewalt des Staates, als spontane Zusammenkunft von Usern im Hinblick auf ein Thema/Problem im Internet verstanden, verengen die Wahrnehmung des Einzelnen (vgl. Wilhelm 2018, S. 33f).

[27] Ulrich Wilhelm betitelt das als „Empörungsdemokratie" (Wilhelm 2018, S. 34).

Komplexität als neue Kulturform

Baecker sieht die Komplexität als die Kulturform der Zukunft an, in der kein einfaches Ursache-Wirkungsgefüge mehr bestehe, das wiederholbar wäre (vgl. Baecker 2018, S. 61). Durch die Digitalisierung tritt anstelle des Objekts zunehmend das Komplex: Haus – Wohnanlage, Aktionslinie – Netz, Maßeinheit – Raster, Gerät – System und Form – Gebilde. Das Erfassen von Komplexitäten und das Meistern von Verflechtungen würde die menschliche Existenz heutzutage grundsätzlich mitbestimmen (vgl. Ott, 1991, S. 49). Der Prozess der Digitalisierung ist nicht einfach negativ zu beurteilen. Er spiegelt scheinbar das Verhalten der Menschen in alltäglichen Kommunikationssituationen wider, indem dieses verstärkt wird. Wie verhält es sich genauer im Hinblick auf die Beziehung zwischen den Menschen, wenn sie sich im digitalen Raum bewegen?[28] Das Buch von Dirk Baecker gibt einige Aufschlüsse darüber. Auch hier habe ich acht Merkmale herausgefiltert, die ich im Folgenden näher erläutere und die im Kontext der Digitalisierung zu verstehen sind.

[28] Aufschlussreich ist dahingehend auch die Studie von Sascha Oswald *Ich und Wir im digitalen Raum (2021).* In dieser fokussiert er sich auf die Kommunikation via Bilder auf der Plattform *Instagram*.

6. Menschliche Beziehungen bei Dirk Baecker

Dirk Baecker leitet einen Lehrstuhl für Kulturtheorie und Management an der Universität Witten/Herdecke. Er ist ein Schüler des Soziologen und Systemtheoretikers *Niklas Luhmann (1927-1998)*, welcher die Gesellschaft in seinen kleinen (z.B. Liebe) und großen (z.B. Recht) sozialen Strukturen erklärte und eine eigene Gesellschaftstheorie aufstellte. Luhmann hat Baeckers systematisches Denken maßgeblich mitgeprägt.[29] Baecker sucht in seinem Buch *4.0 oder Die Lücke die der Rechner lässt* (2018) nicht Antworten auf offene Fragen im Zuge der Digitalisierung. Er vereint die Entwicklungen durch die neuen Medien, die Massenmedien und Rechenverfahren, formuliert dies thesenartig für die von ihm benannte *nächste Gesellschaft*, auf die sich Menschen bereits seit über 100 Jahren[30] hinbewegen. Die Formulierung „nächste Gesellschaft" soll verdeutlichen, dass es sich hier um Zukunftshypothesen handelt, die sich bereits in der Gegenwart anbahnen. Für die insgesamt 26 Thesen im Buch versucht er Beispiele und Begründungen zu finden.

Medien in der Geschichte

Dabei spürt er immer wieder Verbindungen zwischen den verschiedenen Formen der Medien in der Geschichte nach. Sie zeigen sich durch die Herausbildung der gesprochenen Sprache, der Schrift, den Buchdruck und letztendlich der elektronischen und digitalen Medien. Ein Medium hat den Zweck der Vermittlung. So unterschiedet er neben den selbsteingeteilten vier Medienepochen zwischen Erfolgsmedien der Kommunikation wie Macht, Geld, Liebe, die

---

29 Ich bitte um Nachsicht, dass keine weiteren Erläuterungen zum Systembegriff oder zu Luhmanns Theorie erfolgen, da diese vom Thema wegführen würden.

30 Seit dem Erscheinen der elektronischen Medien, wie dem Telegraphen an Eisenbahnen (1837), dem Telefon (1900), dem Rundfunk (1919/20), dem Kino (ab 1926) etc., dem Erscheinen des Computers (1941), des Fernsehens (ab 1950), des PCs (ab 1976), des Internets (ab 1989) und des Smartphones (ab 1994) sowie das gegenwärtige Internet führten und führen diese immer noch zu großen Veränderungen (vgl. Baecker 2018, S. 12).

bereits Luhmann erwähnt, und den Wahrnehmungsmedien wie Licht, Klang, Geruch und Berührung, welche er in seinem Buch nicht weiter erwähnt (vgl. Baecker 2018, S. 12).

Die Erfolgs- und Wahrnehmungsmedien haben in jeder Medienepoche einen wichtigen Stellenwert für die Menschen. Macht, Geld und Liebe haben seit jeher die menschliche Kommunikation und die Beziehungen beeinflusst.

Teilnahme mithilfe von Medien

Durch die Schrift und den Buchdruck gab es bereits die Möglichkeit, Kritik zu verbreiten und eigene Meinungen kundzutun. Die Digitalisierung sei im Großen und Ganzen ein Projekt, welches „die Transformation analoger in diskret abzählbare, binär codierte, statistisch auswertbare, maschinell berechenbare Prozesse" beinhalte. Es sei aber auch die Weiterführung dessen, was durch die Moderne entstanden ist: Die Gesamtbevölkerung solle „in politischen, rechtlichen, wirtschaftlichen, pädagogischen und kulturellen Prozessen" eingebunden sein und an ihnen teilnehmen können (Baecker 2018, S. 9). Jeder Mensch bekomme instrumentell einen Zugang zu allen Bereichen der Gesellschaft, so der Gedanke dahinter. Doch wer verhindert, dass die Gesellschaft und alle darin befindlichen Individuen nur noch kollektiv durch die digitale Technik erfasst werden (ebd.)? Die Antwort ist: Die Gesellschaft selbst.

Gesellschaft und Technik

Gesellschaften entwickelten sich immer mithilfe von Technik und lebten mit dieser. Laut Baecker gibt es daher gar kein „technikfreies Sozialverhalten" (Baecker 2018, S. 56f.). Die Technik, ob sie ein Gegenstand in Form einer Maschine oder eines Werkzeugs oder in Form eines anwendbaren Wissens ist, kann nie autonom funktionieren, denn sie wird immer von Menschen überwacht, begleitet und verbessert (ebd., S. 179). Baeckers Meinung nach muss sich die Gesellschaft bewusst werden, dass ihr die Digitalisierung nicht nur passiv wiederfahre, sondern sie diesen Prozess aktiv verändern könne. So besitze die Gesellschaft zwei Rollen, eine aktive und eine damit verbundene passive (ebd., S. 9ff.). Menschen handeln, erleben und kommunizieren zwischen sogenannten Systemreferenzen der Körperlichkeit, des Bewusstseins, des Gesellschaft und der Technik und Kultur (ebd.). Dieser Komplex trägt dazu bei, dass bestehende Spekulationen darüber auch immer einen Gestaltungsraum ermöglichen, den es gilt, bewusst und reflektiert für die Digitalisierung zu nutzen. Komplexität hält sich durch Freiheitsgrade und Abhängigkeiten, die sich auch auf sozialen Plattformen und in Netzwerken im Internet finden (vgl. Baecker

2018, S. 72). Elektronische und digitale Medien begünstigen eine Welt der Relationen und Vernetzungen. Inwiefern greift die Digitalisierung auf die Beziehung zwischen Menschen ein? Welche Beziehungsmerkmale[31] ergeben sich womöglich dadurch?

6.1 Teleonomie: Zweck- und Zielgerichtet

Unter dem Begriff der „Teleonomie“ verweist der Duden auf Eigenschaften oder Strukturen, die von einem weitgreifenden Zweck regiert und reguliert werden. Diese sind immer zielgerichtet.

Wie der Mensch[32] sich verhalte, sowohl offline als online, sei immer in teleonomische Strukturen integriert. Vor der Digitalisierung gab es bereits Strukturen, die das menschliche Verhalten registriert, protokolliert und prognostiziert haben, um daraus Zusammenhänge zu knüpfen. Es gebe keine Handlung ohne Erwartungen, Absichten, Wünsche und Vorstellungen (vgl. Baecker 2018, S. 17).

Hat der User derartige (unbewusste) Antriebe, so wird er diese als Mitteilung in Form einer Eingabe in ein Suchfeld, eines Kommentars oder einer E-Mail senden. Es muss auch in diesen digitalen Strukturen einen Sender und einen Empfänger geben, wie es der üblichen Kommunikation entspricht. Im Folgenden beschränke ich mich auf die Kommunikation zwischen Usern auf den sozialen vernetzten digitalen Plattformen. Was geschieht zwischen der Eingabe und der Ausgabe? Die elektronische und digitale Verarbeitung der Inhalte bedingt, dass unklar bleibt, wer eigentlich schreibt, wer tatsächlich liest und wer überhaupt kommuniziert. Der Sender löse sich von der Mitteilung, so könne der eigentliche Sinn verfälscht werden. Wir erinnern uns an die Ausführungen zu den kommunikativen Problemen des Geredes oder des Bullshits. Zusätzlich sei nicht immer sicher, wen man eigentlich mit seiner Mitteilung erreicht oder erreichen kann. Baecker spricht von einer „extremen Auseinan-

[31] Die Merkmale sind lediglich angelehnt an die ausgewählten Merkmale bei Buber. Jedoch möchte ich hiermit keine strikte Gegenüberstellung herstellen, denn das Buch von Baecker ist allgemeiner auf die Digitalisierung der Gesellschaft konzipiert. Es findet sich nur im Kapitel über Liebe der Begriff der Beziehung. Daher entstehen die herausgefilterten Merkmale primär durch meine Lesart.

[32] Es ließe sich darüber diskutieren, ob es den „Menschen an sich“ gibt. Der Begriff „Mensch“ soll stellvertretend für alle Menschen stehen, ohne auf unterschiedliche Merkmale eingehen zu müssen. Im Folgenden werde ich den Menschen als *User* bezeichnen, um deutlich zu machen, dass er online im Internet aktiv ist. Frauen sind immer gleichwertig angesprochen wie Männer.

derziehung" der Kommunikation und merkt an, dass sich *etwas* in die vermeintlich unmittelbare Kommunikation dränge, was nicht eindeutig auszumachen sei. Das spreche dafür, dass die Kommunikation nur scheinbar unmittelbar ablaufe. Jede Kommunikation, offline wie online, existiere aber nicht unabhängig von Materien[33], welche wiederum die Kommunikation verändern, ablenken oder verfälschen (vgl. Baecker 2018, S. 17ff.). Es gibt demnach keine Unmittelbarkeit in zwischenmenschlicher Kommunikation.

Die Aufspaltung von Sender und Inhalt erleichtere jedoch auch die Teilnahme an einer Kommunikation, denn der Inhalt werde fokussiert (ebd., S. 20). Dadurch kann eine Aufweichung der gesellschaftlichen Rollen und Hierarchien stattfinden. Obwohl in Sekundenschnelle und weltweit Nachrichten ausgetauscht werden können, hängen sie von externen Faktoren ab. Bedeutend seien dabei der jeweilige Ort der Informationsein- und -ausgabe, die technische Ausstattung und Leistung des Senders und Empfängers und die Zeitpunkte, an denen die Eingabe und Ausgabe der Information bzw. Zeichen erfolgen (ebd., 17f.).

6.2 Ubiquität: Ortsungebundenheit

Das Merkmal der „Ubiquität" bedeutet, dass User sich immer an einer Kommunikation beteiligen oder in Kontakt treten können, da man nicht an einen Standort oder eine Zeit gebunden ist (Duden online). So könne der User immer auf andere Benutzerkonten, auch Profil genannt, mit integrierter Timeline (*dt.* Zeitleiste) oder Aktivitätenliste zugreifen und die bisherigen oder zukünftigen Aktivitäten nachvollziehen, genauso geschieht das umgekehrt. Es kommt demnach nicht mehr darauf an, den direkten Kontakt zu suchen und sich zu erkundigen. Das bedeutet, dass von Usern bedacht wird, welche Aktivitäten sie kundtun wollen, weil diese gesehen werden sollen. Die Authentizität der Darstellung von Aktivitäten kann durch das Erfüllen einer sozialen Erwünschtheit auf der Plattform gemindert werden oder gar verschwinden.

Jede getätigte und jede ausbleibende Aktion und Reaktion kann als kommunikatives Signal gedeutet werden, ähnlich den nonverbalen Zeichen. Lynn Jamieson, auf die Baecker referiert, behauptet deshalb, dass die elektronische Kommunikation annähernd so beschaffen sei wie eine Face-to-Face-Kommunikation (vgl. Baecker 2018, S. 164). Es kommt auf jeden Impuls an, den

[33] als verschiedene Stoffe, Materialien oder Personen zu verstehen

der User setzt oder nicht setzt. Ein „Like“ ersetzt den Blick, ein Kommentar die Anrede. Wir erinnern uns an die nonverbale Kommunikation, die durch unser Raumverhalten sichtbar wird. Im Internet bemerken User nur durch explizite Aktionen, ob sie sich zueinander oder voneinander weg bewegen (liken, blockieren, ghosten, kommentieren, Kontaktanfragen schicken). Wie oft das eigene Profil angeschaut und durchgelesen wird, kann je nach Plattform eingesehen werden. Dennoch entsteht durch die Ubiquität eine besondere Möglichkeit, dass Menschen an verschiedenen Orten miteinander Kontakt aufnehmen, ins „digitale Gespräch“ kommen und sich vernetzen.

6.3 Netzwerk: Bewusste Verflechtung

Im Groben bedeutet „Netzwerk“ erst einmal verflochtenes System. In der elektronischen Datenverarbeitung heißt es, dass unabhängig voneinander bestehende Computer miteinander vernetzt werden, sodass ein Datenaustausch untereinander erfolgen kann. Ebenso steht der Begriff für eine Gruppe von Menschen, die sich aufgrund gleicher Interessen oder Ansichten gebildet hat (Duden online).

Bruno Latour und Harrison C. White haben soziologische Arbeiten über das Netzwerk verfasst, die Baecker in seinem Buch erläuternd erwähnt. So bestehe ein Netzwerk aus heterogenen Elementen. Diese Elemente könnten Dinge, Orte, Geschichten, Praktiken, Normen, Werte, Rollen und Institutionen, aber auch Menschen, Gruppen und Organisationen sein. Dies stehe im Gegensatz zum bereits erwähnten Kollektiv oder der Befürchtung, alle würden durch die Digitalisierung homogenisiert. Das Medium des Netzwerks ist die Heterogenität, so Baecker (vgl. Backer 2018, S. 42). Daher könne man ein Netzwerk nicht einfach herstellen, denn es herrsche dort weder eine Kausalität oder Kontingenz, die das Netzwerk bestimmt (ebd., S. 61). Primär seien es die verschiedenen Menschen, die das Netzwerk erst formen.

Die Nutzer sozialer Netzwerke im Internet haben primär der Wunsch, sich mit Menschen zu vernetzen. Jedoch müssen sie in Abhängigkeit von der Größe des Netzwerks entscheiden, mit welchem anderen User Kontakt wünschenswert und welcher Kontakt zu unterbinden wäre. Sie sehen sich demnach mit der Frage konfrontiert, mit wem sie eine Beziehung eingehen und mit wem nicht. Einerseits entscheidet sich der User im Netzwerk bewusst nur für bestimmte Beziehungen, so Baecker. Außerdem müsse er überlegen, ob er das Beziehungsverständnis des Netzwerks teile oder ob er Beziehungen auf seine Weise neu gestalte. Andererseits könne das Netzwerk, je nach Beschaffenheit, den User nicht als konkrete Person, sondern ihn und seine digitale Identität[34] lediglich in Bezug auf bestimmte Faktoren integrieren. Das bedeute eine Abhängigkeit vom Netzwerk, von dessen Elementen und den (eigenen) Beiträgen. Somit sei ein Netzwerk immer mit einem Gefühl der Ungewissheit verbunden (vgl. Baecker 2018, S. 36).

Das, was aber in der Realität und im Analogen als widersprüchlich interpretiert würde, werde im digitalen Raum durch den einen arbiträren[35] 0/1-Code negiert und damit ungefragt ausgeschlossen (ebd., S. 60). Mit welchem User andere User in Kontakt treten könnte, hänge nicht mehr vom Einzelnen selbst, sondern von den Strukturen und den Algorithmen ab: Diese filtern, bewerten, ändern, beginnen und beenden Aktivitäten. Doch auch der User hat dadurch eine Kontrolle über die (eigenen) Aktivitäten, wie *Postings*, *Clicks*, Verweildauer auf Seiten, *Likes*.

Der Reiz liegt nicht nur in der eigenen Kontrolle, sondern auch in dem Moment der Überraschung. User können miteinander in Kontakt treten, die sich noch nie gesehen haben, und nicht ahnen können, welchen Zugewinn diese neuen Kontakte bedeuten. In diesem Merkmal zeigt sich die von Jaspers gewünschte Offenheit der Menschen für andere und für das Fremde. Aber auch die Teilnahmebereitschaft, die Buber in seine Beziehungsauffassung integriert, kann im Netzwerk realisiert werden.

6.4 Superwirklichkeit: Inszenierung

Laut Baecker verbreiten die elektronischen Medien eine Superwirklichkeit, die jede andere Wirklichkeit übertrifft. Sie sei dramatisch, laut und bunt. Wieso wirkt das so anziehend auf den User? Mithilfe der elektronischen Medien und der Digitalisierung würde der Radius dessen, was der Mensch und auch der User in seiner Umgebung wahrnimmt, erweitert. Fast die gesamte Welt könne per Kamerainstallation und per Mikrophon präsent gemacht werden. Jedoch geschieht dies nicht ungefiltert. Baecker weist darauf hin, dass Massenmedien die Medien sind, die für die Masse der Menschen gedacht ist. Die Bilder und Töne würden daher so aufbereitet, dass die Masse das Gegenteil von dem sehen könne, was sie sowieso schon kennt: den Alltag. „Bereits die dramaturgische Aufbereitung von Rundfunk- und Fernsehsendungen wirft die Frage eines im Vergleich dazu spannungsarmen Alltags auf." (Baecker 2018, S. 23). Das passt

[34] verstanden als die Inhalte, die der User von sich preisgibt

[35] „arbiträr": willkürlich, zufällig, beliebig

jedoch dazu, dass Menschen primär das Bild als Wahrnehmung vor allem anderen bevorzugen, welches die Gedanken anregt. User bemerken oftmals die Inszenierung von Bildern, wenn auf Profilfotos bekannte Filter genutzt wurden und reflektieren, in welchem Rahmen diese wünschenswert oder nicht wünschenswert sind.

6.5 Abwesenheit: Zeitliche Verzögerung

Bereits der Brief als Kommunikationsmittel ermöglichte den Austausch von Menschen, die sich mehrere Tagesreisen zu Fuß oder mit der Kutsche entfernt voneinander aufhielten. Oftmals wurden diese Briefe tagelang mit der Postkutsche umhergefahren oder per Boten geschickt. Für den Sender und Empfänger hieß das, abzuwarten. Die Kommunikation verzögerte sich dadurch. „Wer versteht schon etwas von den Unterschieden zwischen der Kommunikation unter Anwesenden und der Kommunikation unter Abwesenden[36].“ (Baecker 2017, S. 209).

Diese provokante Frage erinnert an die Probleme und Möglichkeiten von Kommunikation allgemein. Baecker formuliert diese Frage jedoch im Zusammenhang mit der Moral in sozialen Netzwerken. Die Diskussion und der Austausch über moralische Themen und Zuschreibungen seien auf den Plattformen fest etabliert. Und dennoch scheint die Moral, sobald sie von einer konkreten Situation zwischen Menschen abgekoppelt ist, ihre Wirkung zu verlieren. Unerwünschte Äußerungen würden mit Missachtung (keine Reaktion, negativer Kommentar, negativer Retweet) bestraft, erwünschte Äußerungen mit Achtung (Like, positiver Kommentar, positiver Retweet) belohnt. Dies suggeriere, es handele sich in sozialen Netzwerken um eine Face-to-Face-Kommunikation, in der man ebenso Druck aufbauen könne. Jedenfalls geben die User vor, dass das möglich sei. Das ist jedoch ein Trugschluss. User können sich zwar vernetzen und über das Netzwerk austauschen, aber sie sind dennoch voneinander entfernt. Eine Entfernung mache es schwierig, eine konstruktive Diskussion zu führen, offline wie online. Dadurch, dass jeder User sich jederzeit und jederorts in eine Kommunikation einklinken kann, würde ein Thema ausgeweitet, was vom eigentlichen Sinn wegführe. Das Gerede und der Bullshit am Stammtisch verlagern sich in den digitalen Raum. Die Streit suchenden User oder die, wel-

[36] Schaut man sich diesen Begriff wie Buber genauer an, so steckt darin das „Wesen“. Das Präfix „ab“ bedeutet im Lateinischen auch „weg“ oder „fort“. „Abwesenheit“: Das Wesen, das weg oder fort ist.

che gern und oft Kritik äußern, können dadurch, dass sie in Abwesenheit an einer öffentlichen Kommunikation teilnehmen, nicht ausgeschlossen werden. Dies wäre bei einer Kommunikation unter Anwesenden durchaus gegeben (vgl. Baecker 2018, S. 209).

Positive Aspekte sind jedoch, dass man in Sekundenschnelle über das Internet und Netzwerke (oder Videochats) Kontakt mit Usern pflegen kann, die sich nicht am selben Ort aufhalten. Man muss nicht mehr tagelang auf einen Brief warten oder ins nächste Dorf reisen, um andere Menschen zu treffen. Familien, Freunde oder Partner, die getrennt sind, müssen nicht auf Kontakt verzichten. Ebenso können Nachrichten verschickt werden, welche vom User später gelesen werden können. Dieser kann ebenfalls darauf reagieren und antworten. Es entsteht eine Kommunikation zwischen Abwesenden, die durchdachter und besonnener geführt werden kann, eben weil es eine zeitliche Verzögerung gibt, der den Affekt abschwächt. Dies gilt auch für Briefe. Man hat mehr Zeit über das nachzudenken, was geschrieben wurde, um sich für die Antwort Zeit zu nehmen.

Das heißt aber auch im Umkehrschluss, dass User, die miteinander vernetzt sind, nicht unbedingt an gegenwärtigen Diskussionen teilnehmen müssen. Das soziale Netzwerk ist passiv (Zuschauer und Konsument) oder aktiv teilnehmend nutzbar. Wie im Offlinemodus können Menschen passiv (Desinteresse, nur Zuhörender) oder aktiv (Interesse, Wirkender) sein. So können sie sich annähern oder voneinander distanzieren.

6.6 Abstand und Distanz: Alles im Blick haben

Der User klickt sich durch das Internet und durch soziale Netzwerke. Dabei kann er jederzeit von der einen auf die andere Sekunde zu einem anderen Artikel, einer anderen Website oder einem anderen User gelangen. Die Verweildauer auf den jeweiligen Seiten sei oftmals gering, schreibt Baecker[37]. Die gesamte Verweildauer im Internet ist dagegen groß, denn das Internet hat viel zu bieten. Jugendliche sind täglich bis zu sechs Stunden im Internet. Diese werden bis zu 80% für Instant-Messaging-Dienste und soziale Netzwerke genutzt. Die mobile Internetnutzung steigt (vgl. D21-Digital-Index 2021, S. 21f.).

[37] Hier kann man Parallelen zum Konsumverhalten des Menschen feststellen. Der Psychoanalytiker Fromm schreibt dazu, dass der Mensch vieles daransetze, alles zu bekommen, was er haben will, aber viele Menschen wüssten gar nicht, was sie überhaupt wollten (vgl. Fromm 2018, S. 182).

Die Gesellschaft habe in der Geschichte gegenüber neuen Medien immer eine skeptische Haltung bewahrt. So würde heutzutage vor einer Suchtgefahr in Bezug auf digitale Medien (Smartphones, Computerspiele, Tablets, PCs, Laptops, Smartwatches) gewarnt. Baecker nennt das Problem des ständigen Wechsels *Schwankung* oder *Oszillation*. Der User will sich nicht festlegen, weil er zunehmend durch die Gesellschaft lerne, sich nicht festzulegen. „Tue nur das eine, wenn du auch das andere tun kannst. Und wahre selbst gegenüber dem Switching deine Distanz." Dahinter stecke die Forderung, sich nicht auf eine Sache oder ein Medium zu konzentrieren, sondern die Bandbreite zu nutzen (vgl. Baecker 2018, S. 89).

6.7 Äquivalenz: Gleichwertigkeit

Hat sich der User in einem Netzwerk angemeldet, so kann er sich mit Beiträgen, die beachtet und kommentiert werden, integrieren. Neben der Beachtung und Achtung, die man ihm schenkt, müsse er bisweilen auch damit rechnen, dass er für andere User genauso schnell wieder uninteressant werden könne. Nur, weil er im Netzwerk aktiv sei, bedeute dies eben nicht, dass er immer die gleiche Aufmerksamkeit und den gleichen Zuspruch erhalte. Nur durch seine stetige Aktivität könne er die Äquivalenz pflegen. Diese Äquivalenz sei strukturell in jedem Netzwerk angelegt und bestehe nur durch sie. Wenn Beiträge oder User äquivalent sind oder sein wollen, hieße das auch, sie seien austauschbar. „Das Netzwerkereignis schlechthin ist ein Kontakt von mir, Person A, zu Person B, die dank meines Netzwerks Person C kennenlernt, die für sie interessanter ist, als ich es bin. Dann bin ich draußen." (Baecker 2018, S. 205). Doch nur, weil es das Prinzip der Äquivalenz gibt, schließt das ein „Sowohl-als-Auch" in den Kontakten nicht aus.

6.8 Beschleunigung: Schneller Kommunizieren

Die Beschleunigung ist das letzte Merkmal, das ich erläutern möchte. Die Digitalisierung bringt diese mit sich, weil elektronische und digitale Medien durch ihre Leistung schneller kommunizieren und rechnen. Überraschenderweise könne sich der Mensch darauf einlassen. In der täglichen Praxis kann er digitale Medien zur Optimierung seines (beruflichen) Alltags nutzen. Die Ressourcen des Gehirns würden dem in diesem Sinne gerecht werden und ausgeschöpft.

Das beinhalte auch, dass die Kommunikation[38] beschleunigt werde. Vieles wird schnell per E-Mail oder WhatsApp-Nachricht verschickt. Es wird aber auch zunehmend unbewusster kommuniziert. Da das Gehirn durch die schnellen Prozesse in der Praxis angestrengt wird, schalte sich das Bewusstsein im Umgang mit neuen Medien aus. Der Flow-Zustand (der in die Sucht führen kann), aber auch Ungeduld treten auf. Der soziale Rhythmus gleiche nicht dem digitalen Rhythmus. Der User aktualisiert immerzu seine Nachrichten, um endlich die Antwort des Anderen lesen zu können. „Das Warten dauert zu lange, das Reisen wird zur Belastung, die Langeweile wird nicht mehr ausgehalten, jede Dienstleistung zu einer Strapaze für die Nerven. Man ist anderes gewohnt [...]." (Baecker 2018, S. 226f.). Diese Beschleunigung und Ungeduld deute auf eine Zwecksetzung hin. Der User will zeitnah eine Reaktion auf sich und seine Inhalte von anderen Usern, weil er sonst unsicher (Ungewissheit) wird, ob er noch interessant genug, und den Anforderungen des Netzwerks gerecht werden kann. Die Distanz wird zwar überwunden, aber durch die verzögerte Reaktion schwerer ertragbar. Keine schnelle Reaktion zu erhalten, könne als kommunikatives Zeichen gedeutet werden (ebd., S. 205). Wie bei den nonverbalen Zeichen kann man dieses Zeichen auch fehlinterpretieren. Es gilt daher explizit die Kommunikation zu suchen und nachzufragen, wenn Unsicherheit besteht, weil ein anderer nicht antwortet.

6.9 Zusammenfassung, Problemstellung und Kritik

Dirk Baecker beschreibt in seinem Buch die gegenwärtige Lage und die Folgen der Digitalisierung für die sogenannte *nächste Gesellschaft*, an der die Menschen seit 100 Jahren mit-*wirken*. Die digitale Transformation der Gesellschaft, die mit der vierten Medienepoche einhergeht, bringt viele Veränderungen mit sich. Für die Menschen heißt das, im Internet als User zu re- und zu agieren. Die digitale Aktivität besteht aus vielen Interaktionen (Klicks, Postings, Likes etc.), die jedoch oftmals spontan und unbewusst ausgeführt werden, andererseits jedoch bewusst als Kommunikationsmittel eingesetzt werden können, um Kontakte zu knüpfen. Baecker zeigt ebenso auf, dass viele Entwicklungen in Verbindungen zu bereits bestehenden Problemen der menschlichen Geschichte durch die Medien existieren und sich in Zukunft verstärken können: Menschen

[38] In digitalen Medien wird oft von *Massenkommunikation* gesprochen. Dabei werden Aussagen öffentlich formuliert und einseitig durch technische Mittel verbreitet (vgl. Misoch 2006, S. 34f.).

und User sind in teleonomische Strukturen (Teleonomie) eingebettet, welche die Aktivitäten und die Kommunikation in digitalen Medien beschleunigen (Beschleunigung). Die verstärkten sinnlich-aufbereiteten Inhalte, Websites und Profile (Beruf, Privat, Unterhaltung) heben sich vom gewohnten Alltag ab (Superwirklichkeit) und erfordern gesellschaftlich eine distanzierte Haltung vom User selbst (Abstand/Distanz). User sind trotz körperlicher Abwesenheit (Abwesenheit) miteinander vernetzt (Netzwerk) und können unabhängig von einem Ort miteinander kommunizieren (Ubiquität). Mit wem und worüber der User kommunizieren möchte, ist dabei schwer zu entscheiden, da er sich im Netzwerk mit einer Fülle von gleichwertigen Beiträgen und Usern konfrontiert sieht (Äquivalenz).

Die Lücke die der Rechner lässt referiert auf den Gestaltungsraum der Gesellschaft, der genutzt werden kann und darf. So hat sich in diesem Kapitel gezeigt, dass die bewusste Nutzung der digitalen Technik ausschlaggebend für die Art der zwischenmenschlichen Kommunikation ist. Diese Technik verbindet potentiell User auf sozialen Plattformen. Wie User auf diesen Plattformen miteinander kommunizieren, hängt stark davon ab, welche (unbewussten) Absichten sie haben. Baecker sieht aufgrund dessen in der Intimität und der Familie, also in der Liebe, die Möglichkeit eine Person voll anzuerkennen (vgl. Baecker 2018, S. 158f.). Leider lässt Baecker offen, wie die Lücke von der Gesellschaft gestaltet werden kann. Er erwähnt als mögliche Lösung die Praxis der Achtsamkeit, geht aber nicht weiter darauf ein.

Wie lassen sich Bubers und Baeckers Überlegungen zusammenbringen?

7. Menschliche Beziehungen auf Plattformen: Buber und Baecker

Im Laufe des Buches habe ich viele Merkmale zusammengetragen. Bisher stehen diese Merkmale gesondert für sich:

Martin Buber:
Unmittelbarkeit, Gegenwärtigkeit, Gegenseitigkeit, Wirklichkeit, Teilnahme, Leibhaftigkeit, Wesenhaftigkeit, Freiheit.

Dirk Baecker:
Teleonomie, Ubiquität, Netzwerk, Superwirklichkeit, Abwesenheit, Abstand und Distanz, Äquivalenz, Beschleunigung.

Es fällt auf, dass die Merkmale sich verändern. Welche Schlüsse zieht man daraus? Der Schluss variiert je nach Herangehensweise. Es folgen zwei:

- Buber vs. Baecker *(Entweder-Oder):* Die Merkmale sind gegensätzlich, sodass sie sich gegenseitig ausschließen. Man könnte diese wie folgt sortieren:

(siehe nächste Seite)

Martin Buber (1923)		**Dirk Baecker (2018)**	
Gegenseitigkeit	*Auf Augenhöhe*	Ubiquität	*Ortsungebunden*
Teilnahme	*Aktives Zuwenden*	Abstand und Distanz	*Alle Kontakte im Blick haben*
Gegenwärtigkeit	*Zeitlich Verbunden*	Abwesenheit	*Zeitlich Verzögert*
Unmittelbarkeit	*Es geschieht einfach*	Beschleunigung	*Schnellere Kommunikation*
Leibhaftigkeit	*Lebenskräftig*	Superwirklichkeit	*Inszeniert*
Wirklichkeit	*Aufeinander wirken*	Teleonomie	*Zweck- und Zielgerichtet*
Wesenhaftigkeit	*Einzigartig sein*	Äquivalenz	*Gleichwertig sein*
Freiheit	*Aus freien Stücken*	Netzwerk	*Bewusste Verflechtung*

Tabelle 1: „Entweder-Oder". Menschliche Beziehungsmerkmale von Buber und Baecker

Oder – und das ist die Interpretation, die ich bevorzuge:

- Buber - Baecker (*Sowohl-als-Auch)*: Man entdeckt Ähnlichkeiten in einigen Merkmalen:

(siehe nächste Seite)

Martin Buber (1923)		**Dirk Baecker (2018)**	
Gegenseitigkeit	*Auf Augenhöhe*	Netzwerk	*Bewusste Verflechtung*
Teilnahme	*Aktives Zuwenden*		
Wirklichkeit	*Aufeinander wirken*	Beschleunigung	*Schnellere Kommunikation*
Leibhaftigkeit	*Lebenskräftig*	Teleonomie	*Zweck- und Zielgerichtet*
Freiheit	*Aus freien Stücken*	Abwesenheit	*Zeitlich Verzögert*
		Ubiquität	*Ortsungebunden*
Problematische Merkmale:			
Gegenwärtigkeit	*Zeitlich verbunden*	Abstand und Distanz	*Alle Kontakte im Blick haben*
Unmittelbarkeit	*Es geschieht einfach*	Superwirklichkeit	*Inszeniert*
Wesenhaftigkeit	*Einzigartig sein*	Äquivalenz	*Gleichwertig sein*

Tabelle 2: „Sowohl-als-Auch". Menschliche Beziehungsmerkmale von Buber und Baecker

Ähnlichkeiten in allen Merkmalen zu finden, wäre schlichtweg illusorisch. Daher fallen in der Tabelle auf beiden Seiten meines Erachtens jeweils drei Merkmale raus: *Gegenwärtigkeit, Wesenhaftigkeit und Unmittelbarkeit* (Buber) und *Abstand und Distanz, Superwirklichkeit, Äquivalenz* (Baecker). Festhalten möchte ich, dass es keine unmittelbare Kommunikation zwischen Menschen gibt. Auch wenn Menschen sich unerwartet auf andere einlassen, gibt es unbewusst Wünsche oder Gefühle, die das kommunikative Handeln leiten. Dies habe ich mit den Ausführungen Jaspers' (Ichaspekte) und Heideggers (Besorgen und Fürsorge) gezeigt. Das Merkmal der Unmittelbarkeit bei Buber kann und muss demnach von mir vernachlässigt werden. Ich habe bereits erwähnt, dass die direkte Gegenüberstellung der jeweiligen Merkmale problematisch ist. Dazu sind die Ausgangssituationen und Herangehensweisen von Buber und Baecker zu unterschiedlich. Beide beschreiben jedoch letzten Endes eine fühlbare Instanz zwischen den Menschen. Buber nennt die Instanz das Göttliche, Baecker das Technische.

Wir erinnern uns: Buber sagt, Menschen können andere als Du oder als Es wahrnehmen. Der Unterschied liegt darin, ob wir uns auf einen anderen einlassen können und möchten, oder ob wir ausschließlich nur bei uns und unseren eigenen Wünschen und Gedanken bleiben. Baecker beschreibt die Auswirkungen der digitalen Medien auf systematische Strukturen der Gesellschaft. Beide zusammen offenbaren einige Parallelen, die ich im Folgenden in Bezug auf digitale Plattformen erläutere. In den Zwischenüberschriften werden die Merkmale von Buber und die Merkmale von Baecker durch einen Strich (|) unterschieden.

Gegenseitigkeit, Teilnahme | Netzwerk

Es dürfte klar geworden sein, dass es den Menschen als Usern vorrangig darum geht, sich in einem sozialen Umfeld zu äußern und zu handeln, aber auch, um Kontakte knüpfen und pflegen zu können. Daher bietet ein soziales Netzwerk bzw. eine Plattform das Gefühl der Zugehörigkeit, wenn miteinander regelmäßig interagiert wird (vgl. Schmidt 2011, S. 60f.). Netzwerke auf digitalen Plattformen ermöglichen durch Formen verschiedener Reaktionen, aber auch weil der soziale Status der Menschen in den Hintergrund rückt, Gegenseitigkeit und Teilnahme unter den Beteiligten.

Freiheit | Abwesenheit, Ubiquität

Menschen schlüpfen in unterschiedliche Rollen und probieren sich aus. Sie können aber auch soziale Barrieren wie Hierarchien oder Diskriminierung, die im realen Leben für sie bestehen, leichter überwinden und so freier agieren. So erklärt Rheingold, dass es vielen Menschen, besonders introvertierten und behinderten schwerfalle, ein spontanes Gespräch auf der Straße oder generell im Alltag zu führen. Wenn diesen Menschen jedoch Zeit eingeräumt werde, über das, was sie sagen wollen, nachzudenken, so können sie oftmals Wertvolles beitragen und schneller Freunde finden.[39] *Howard Rheingold (*1947)* behauptet sogar, dass ein großer Teil der Bevölkerung die „geschriebene Unterhaltung echter als das Gespräch von Angesicht zu Angesicht [halte]. Wer will sagen, dass diese Kommunikation weniger menschlich ist?“ (Rheingold 1994, S. 38). Der Mensch könne erst als User seine Maske ablegen (ebd., S. 114). Hier ist eine Parallele zu Bubers Wunsch nach Authentizität und Freiheit in der menschlichen Beziehung erkennbar.

Wirklichkeit | Beschleunigung

Der aktive User betreibt online *networking*, also ein Beziehungsmanagement[40]. Schmidt weist darauf hin, dass die weiter gefasste Begriffsbedeutung von *managen* als *handhaben* oder *bewerkstelligen* gemeint ist und nicht im Sinne von *planen* und *kalkulieren*. Meistens pflegt der User im Internet Beziehungen, die bereits vor der Internetnutzung als Kontakte bestanden. Eine klare Trennung zwischen virtuellem Raum und der realen Welt sei daher nicht adäquat. Der User sei der jeweilige Mensch, der vor seinem Rechner sitze und geistig handele. Das soziale Netzwerk sei daher nur „vermeintlich virtuell, tatsächlich sei es jedoch hochgradig real“ (Schmidt 2011, S. 74f.). Beispielsweise können sich Schülerinnen und Schüler vormittags in der Schule von Angesicht zu Angesicht unterhalten, nachmittags z.B. über Facebook Inhalte miteinander teilen und abends über WhatsApp eine Party planen.

Leibhaftigkeit | Teleonomie

Oftmals ist es auch möglich, eine eigene Gruppe oder Community zu gründen und darin aktiv zu werden. Die Gruppe könne entweder geschlossen für bestimmte User, oder offen für jeden User zugänglich gemacht werden (vgl. Hu-

---

[39] Diese Menschen können im Netz als Denker, Übermittler von Ideen, Wesen mit Gefühlen wahrgenommen werden und nicht anhand ihres Charakters, ihrer Aussprache bzw. Art zu sprechen oder ihres (deformierten) Körpers und Aussehens degradiert werden. Sie werden im Netz oftmals so angenommen, wie sie es sich auch für ihr alltägliches Leben auf der Straße wünschen (vgl. Rheingold 1994, S. 41). Siehe dazu auch Sonnberger 2001, S. 113.

[40] Der aktive User steht im Gegensatz zum *Luker*, einem User der passiv bleibt, liest, beobachtet und einem Voyeuristen ähnelt (vgl. Schmidt 2011, S. 123).

ber 2010, S. 121). Nach Musik hören, sei die Internetnutzung die zweithäufigste Freizeitbeschäftigung bei Jugendlichen (vgl. Felsmann 2012, S. 117). 70% geben an, dass sie sich durch das Internet oder die sozialen Medien leichter in gesellschaftliche oder politische Kontroversen einbringen können, oder sich mit gleichgesinnten Gruppen vernetzen wollen (vgl. D21-Digital-Index 2021, S. 31). Felsmann ist der Meinung, dass die sozialen Netzwerke durch das Identitäts- und Beziehungsmanagement einen wesentlichen Beitrag zur Entwicklung der Jugendlichen leisten. Diese Schlüsselqualifikation sei für das gesellschaftliche Miteinander von entscheidender Bedeutung (vgl. Felsmann 2012, S. 188f.).

Diese Parallelen zeigen, dass einige Merkmale einer Ich-Du-Beziehung im digitalen Raum ausgelebt und sogar unterstützt werden können. Andere sind jedoch schwieriger miteinander zu vereinbaren.

Folgende Merkmale bleiben übrig und bringen Probleme mit sich.

Wesenhaftigkeit, Gegenwart | Abstand und Distanz, Superwirklichkeit, Äquivalenz

Die zeitliche Verbundenheit, die Buber für eine Ich-Du-Beziehung fordert, kann in Teilen umgesetzt werden. Die Gegenwart, also die zeitliche Schwebe, wurde jedoch damals auch von seinem Freund Rosenkranz kritisiert. Diese Gegenwart, die man bei einer Begegnung offline oder einem Gespräch von Angesicht zu Angesicht erlebt, ist online nur gegeben, wenn die User beispielsweise in einem Chatgespräch oder einem Videoanruf zeitlich direkt aufeinander reagieren. Ob der User immer sofort antworten oder reagieren möchte, und ob die Technik die zeitliche Verbundenheit immer ermöglicht, variiert.

Wie sieht es mit dem Merkmal der Wesenhaftigkeit aus? Vielleicht kann man die Wesenhaftigkeit (Einzigartigkeit) darin entdecken, dass Menschen als User die Auswahl haben, sich bestimmte Plattformen auszusuchen, die ihren Bedürfnissen entsprechen und ihr Profil im Rahmen der Möglichkeiten zu gestalten. Doch sie sind unter vielen anderen. Da das Raumverhalten auf Plattformen wegfällt, gibt es keine körperliche Distanz und keine Körpersprache. Man kann offline als auch online vom Gegenüber getäuscht werden.[41] Man kann sich jedoch auch in der eigenen Interpretation des Gegenübers täuschen. Wie ich im Kapitel zur Kommunikation erwähnt habe, autorisieren die non-

[41] Im Internet geschieht die Täuschung häufig durch Worte und im realen Leben eher durch die Manipulation physischer Details, der persönlichen Fassade oder des Benehmens (vgl. Sonnberger 2012, S. 112).

verbalen Zeichen das gesprochene Wort. Im Internet sitzt man anderen nicht direkt gegenüber (Ausnahme beim Videochat), aber man bedient sich *Emoticons* (Smileys) und *Gifs* (kurze Videosequenzen, die oft Mimik und Gestik beinhalten). Diese unterstützen das geschriebene Wort, sodass der User auf diese Weise halbwegs sicherstellen könne, dass seine Nachricht in seinem Sinn verstanden wird (vgl. Rheingold 1994, S. 220).

User reagieren eher auf andere User, die besonders für sie neue oder interessante Inhalte posten. Es sind daher zunächst die Inhalte, die User miteinander verbinden, wenn sie sich noch nicht kennen. Inwieweit diese inszeniert sind, kann nicht immer eingesehen werden.

Es ist unbestritten, dass sich Beziehungen online anders entwickeln. Dies muss jedoch nicht bedeuten, dass die Digitalisierung zwischenmenschliche Beziehungen nicht mehr ermöglicht. Professor Dunbar von der Oxford University meint, in seinen Entwicklungsforschungen festgestellt zu haben, dass Menschen offline durchschnittlich mit 150 Mitmenschen agieren. Wobei wir uns mit unseren fünf engsten Menschen (Familienmitglieder, Partner, Freunde) und den nächsten 15 engeren Bekannten in intensiveren Beziehungen befinden als der Rest der „lockeren Bekannten". Diese Zahlen ändern sich auch nicht durch die Fülle an neuen Kontaktmöglichkeiten in sozialen Netzwerken, wie er in seiner Studie erläutert. Er stellt aber auch fest, dass Beziehungen, die nur online gepflegt werden, eine Verfallsrate haben. Sie sind immer auf das direkte Treffen angewiesen, wenn sie bestehen bleiben sollen (vgl. Dunbar 2016, S. 19).

Es ergibt sich demnach eine differenzierte Sicht auf die digitalen Medien, die sozialen Netzwerke bzw. Plattformen. Auf den Plattformen gibt es die Möglichkeiten, der eigenen Person mehr Raum und Dynamik zu geben, als wenn der Mensch sich auf der Straße bewegt. Menschen mit Einschränkungen jeglicher Art können sich durch diese Art der Kommunikation beachtet und geachtet fühlen. So sehr diese Form auch technisiert und codiert ist, sie bietet zusätzliche Möglichkeiten, sozial interagieren zu können. Durch Netzwerke können Menschen nicht nur Zuspruch, sondern auch Hilfe erfahren. Menschen beziehen sich in sozialen Netzwerken, mal mehr, mal weniger intensiv aufeinander. Das soll die Vereinsamung, die durch die Nutzung digitaler Medien entstehen kann, nicht verharmlosen. Das Internet mit seinen sozialen Netzwerken realisiere jedoch das menschliche Grundbedürfnis nach Kommunikation (vgl. Gapski 2009, S. 106).

8. Fazit

In der Schau der zusammengetragenen Ausführungen fällt auf, dass die Beziehungen und die Kommunikation zwischen Menschen, offline als auch digital, Schwierigkeiten und Hürden (Schein, Abbruch, Gerede, Herrschen und Dienen) beinhalten, aber ebenso bereichernd (Kulturelle Identität, Selbstwerdung, echtes Gespräch) sind. Daher suchen Menschen das Gegenüber, um sich auszutauschen. Ich habe herausgearbeitet, dass das Analoge eine Grundlage für das Digitale darstellt. Digitale Inhalte können jedoch nie ohne das Analoge für sich allein bestehen. Folge ich Otl mit seiner Auffassung, der Mensch denkt in Bildern, er braucht das Augenmaß und nicht die Präzision, so schlussfolgere ich, dass der Mensch früher oder später das Defizit im Digitalen erkennt – auch im Hinblick auf zwischenmenschliche Beziehungen.

Das eingeborene Du, aber auch das bildhafte Denken ist in der Natur des Menschen verankert und kann nicht einfach digital ersetzt werden, wie ein Update bei einem System. Der Mensch sucht mehr oder weniger das Menschliche im Gegenüber in der Welt. Das äußert sich in Form überraschender zwischenmenschlicher Begegnungen im Alltag und im besonderen Maß als Liebe. Die Einsamkeit, die durch digitale Medien entstehen kann, ist nicht nur schlecht. Sie ist wichtig, sodass Menschen sich anderen Menschen wieder nähern wollen (Jaspers).

Sowohl die Angesicht-zu-Angesicht-Kommunikation als auch die Kommunikation über digitale Medien sind lückenhaft und beide defizitär (mehrere Ebenen der Mitteilung; Differenz Intention/Wortwahl Sender auf der einen Seite und Zuhören/Verstehen/Interpretation des Empfängers auf der anderen). Daher ergänzen sich Offline- und Onlinewelt in ihrer eigenen Art und Weise.

Das Ich zwischen Du und Es – konstituiert die Digitalisierung eine neue Form der Beziehung zwischen Menschen? Schlussendlich verneine ich die Frage, wenn ich Bubers ethischen Grundgedanken einer Ich-Du-Beziehung als Maß ansetze. Ich behaupte, dass es nicht an dem Prozess der Digitalisierung liegt, wie man mit anderen Menschen in Kontakt tritt, sondern am Menschen selbst.[42] Jeder Mensch und damit jeder User sollte sich bewusst sein, welchen (Stellen-)Wert er anderen Menschen, sowohl bekannten als auch fremden Menschen, zuschreibt. Dass soziale Netzwerke so beliebt sind, zeigt, dass Gegenseitigkeit und Teilnahme durchaus gewollt und erwünscht sind.

Die Ich-Es-Welt, von der Buber schreibt, und die aufgrund der Digitalisierung expandiert (Hybridcharakter aufgrund verschiedenster Angebote), gibt es nicht erst seit kurzem. Ebenso ist die Codierung als Folge nichts Neues, denn die menschliche Kommunikation war schon immer ein Zeichenprozess.

So kann der Mensch sich kleiden, wie er sein Profil im Internet gestalten kann. Beides kann authentisch, beides kann inszeniert sein (Schein). Beides kann Einschränkung, aber auch Entfaltung der Person bedeuten. Ich möchte daher Martin Bubers Leitlinie das *Sowohl-als-Auch* nicht nur auf die Verbindung von analogen und digitalen Medien, sondern ebenso auf den vom Menschen gewählten Kontext für potentielle Beziehungen ausdehnen. Der Mensch bringt Elemente der Offline-Welt in die Online-Welt ein und umgekehrt. Er ergänzt online die bisherige nur auf Sprache bezogene Kommunikation um bildliche Formen, die seiner Mitteilung Ausdruck verleihen. Er trifft sich mit Online-Kontakten, um eine engere Beziehung aufbauen zu können, wenn diese nicht vorher schon bestanden hat. Genauso pflegt er auf sozialen Plattformen Beziehungen, die er bereits auf der Straße geknüpft hat.

Er vernetzt sich mit anderen Menschen, um entweder eine Maske aufsetzen oder ablegen zu können. In diesem Spiel kann er erfahren, wer er ist und sein will und darüber hinaus, was ihn als Wesen ausmacht. Hat er eine annähernde Ahnung davon und konzentriert sich nicht nur auf Ich-Es-Beziehungen, ist er meiner Meinung nach zu einer spontanen Ich-Du-Beziehung, offline wie auch online, fähig. Denn dadurch ist er weniger unsicher und meidet nicht das Unvorhersehbare.

Die spontanen Ich-Du-Momente kann ich mir in einem spontanen Chatgespräch vorstellen, in das der User sich begibt, als wenn er zum Beispiel in einen Supermarkt geht und mit der Kassierkraft Worte wechselt, die mehr als „Hallo", „Danke" und „Auf Wiedersehen" beinhalten. Daraus kann ein nettes Gespräch entstehen, in dem beide aufeinander und gegenseitig wirken. Es kann im Netz dieser, laut Buber, magische Moment spürbar werden, wie er auch auf der Straße entstehen kann. Denn auch offline sind wir von Dingen umgeben und denken oft zweckmäßig und zielgerichtet, um unser Leben zu gestalten.

[42] Siehe dazu auch aus die Studie von Sascha Oswald 2021, S. 14.

Wir können aber auch in den teleonomischen Strukturen, die online ein *Entweder-Oder* bedeuten, ein *Sowohl-als-Auch* entgegensetzen. Buber und Baecker zeigen, dass wir Menschen immer einen Gestaltungsspielraum haben, den wir füllen und nutzen können. Gerade weil Menschen das Geschehen in der Welt deuten und reflektieren, sind sie dazu fähig, bewusste Handlungen und Entscheidungen zu treffen. Entscheidungen, wie sie auch die *dropouts* treffen, wenn sie Alternativen zum Internet suchen. Sie können sich aber immer wieder und jederzeit mit anderen vernetzen, wenn sie das wollen.

Dort, wo das Konkrete und das Einzelne von Bedeutung sind, also auch einzelne nonverbale Zeichen wie Geruch oder Blickkontakt, da wird es uns hinführen, wenn wir dafür offen sind. Dort, wo das Komplexe und das fiktive Rollenspiel entscheidend sind, da werden wir uns genauso hingezogen fühlen. Und, weil wir unser Leben meistern und reflektieren, zieht es uns auch wieder in die Ich-Es-Welt.

Entscheidend ist, dass wir diese vielen Varianten kennenlernen. Daher können und müssen Menschen dafür sensibilisiert werden. In der Schule wird bereits die Medienkompetenz[43], die im Rahmenlehrplan gefordert wird, mithilfe ausgewählter Unterrichtsinhalte gesteigert, aber auch im Ethik- und Philosophieunterricht müssen diese Möglichkeiten des sozialen Handelns in einem größeren Zusammenhang immer wieder reflektiert werden. Wie das konstruktiv und nachhaltig geschehen kann, wäre in einem weiteren Buch zu thematisieren. Außerdem ist es ebenso wichtig, dass wir uns ein gewisses Maß an Eigenver*antwort*ung zumuten, ohne mit dem erhobenen Zeigefinger zu bestimmen, was prinzipiell recht und was schlecht ist. Denn durch die aktive Auseinandersetzung mit Mitmenschen auf der Straße, Arbeit, Schule oder Universität, aber auch anderen Usern im Internet geht ein gewisser Reifungsprozess des jeweiligen Menschen einher, wozu die sozialen Netzwerke positiv beitragen können. Es liegt immer an den Menschen selbst, also an uns, das Miteinander, offline wie online, zu gestalten. Und diese Eigenverantwortung in der Gestaltung von zwischenmenschlichen Beziehungen sollten wir uns Menschen wieder mehr zutrauen.

[43] Dazu möchte ich eine Literaturempfehlung anbringen: Kretschmer-Elsner, Melanie (2011), siehe Literaturverzeichnis.

Danksagung

Es ist wahr – ich habe die Möglichkeit erhalten, meine überarbeitete Masterarbeit als Buch zu veröffentlichen. Die Überarbeitung dauerte knapp drei Jahre. Ich bin stolz auf mich und möchte mir selbst dafür danken, dass ich die Arbeit an meinem Buch begonnen, gewissenhaft durchgeführt und mit einem guten Gefühl beenden konnte. Es findet sich im Text immer etwas, woran man noch „feilen" kann, was man kürzen, doch noch hinzufügen oder erläutern könnte. Über zwischenmenschliche Beziehungen zu schreiben bedeutet auch, sich den eigenen gescheiterten und geglückten Beziehungen im Leben bewusster zu werden. Daher möchte ich mich bei einigen Menschen bedanken:

Ich danke meinen Eltern und meinem Bruder Lars für den Zuspruch und die Unterstützung auf meinen Lebensweg. Meinem Partner Matthias danke ich von Herzen für eine ehrliche Beziehung, was bedeutet, sich so zu zeigen, wie man ist und sich gerade deshalb zu lieben. Ich danke meiner Freundin Thresi dafür, dass wir seit mehr als 15 Jahren aufeinander zählen können und, dass wir uns aufrichtig wertschätzen.

Ein großes Dankeschön möchte ich auch an Lily und an Julia richten. Beide haben einen Anteil am Cover.

Herrn Christian Möckel danke ich für seine kritischen Anmerkungen im Gutachten. Diese waren der Leitfaden für meine Überarbeitung. Ich danke Judith für die Korrektur des Skripts. Dem Verleger Herrn Gerald Mackenthun danke ich für das Interesse an meiner philosophischen These. Herrn Gerhard Danzer möchte ich für seine theoretischen Impulse danken und, dass er mich 2014 in seiner anthropologischen Vorlesungsreihe „Wer sind wir?" mit Martin Bubers Beziehungsgedanken bekannt gemacht hat. Mein philosophisches Interesse legte damals ungeahnt den Grundstein für dieses Buch. Genau wie die zwischenmenschlichen Beziehungen in meinem Leben.

Aileen Köbe, Berlin April 2022

Literaturverzeichnis

Primärliteratur

Baecker, Dirk (2018). *4.0 oder Die Lücke die der Rechner lässt.* Leipzig: Merve Verlag.

Buber, Martin (2017). *Das Dialogische Prinzip* (14. neubearbeitete Aufl.). München: Gütersloher Verlagshaus.

Buber, Martin (1995). *Ich und Du* (11. neubearbeitete Aufl.). Ditzingen: Reclam Verlag.

Buber, Martin (1986). *Begegnung. Autobiographische Fragmente.* Heidelberg: Verlag Lambert Schneider.

Buber, Martin (1978). *Urdistanz und Beziehung. Beiträge zu einer philosophischen Anthropologie.* Heidelberg: Verlag Lambert Schneider.

Buber, Martin (1930). *Franz Rosenzweig †.* In: *Kant-Studien. Philosophische Zeitschrift der Kant-Gesellschaft. Vol. 35.* Baum, Manfred; Dörflicher, Bernd; Klemme, Heiner F. (Hrsg.). Berlin: Gruyter Verlag. S. 517-522.

Cassirer, Ernst (1923). *Philosophie der symbolischen Formen. Erster Teil: Die Sprache.* Berlin: Bruno Cassirer Verlag.

Ebner, Ferdinand (1965). *Schriften, Band 3: Briefe.* München: Kösel Verlag.

Ebner Ferdinand (1963). *Schriften Band 1: Fragmente, Aufsätze, Aphorismen. Zu einer Pneumatologie des Wortes.* München: Kösel Verlag.

Frankfurt, Harry G. (2014). *Bullshit.* Frankfurt am Main: Suhrkamp Verlag.

Fromm, Erich (2018). *Die Furcht vor der Freiheit.* München: dtv Verlagsgesellschaft mbH & Co. KG.

Grice, Herbert Paul (1979). *Logik und Konversation.* In: *Handlung, Kommunikation, Bedeutung.* Georg Meggle (Hrsg.). Frankfurt am Main: Suhrkamp Verlag.

Heidegger, Martin (2006). *Sein und Zeit* (19. Aufl.). Tübingen: Niemeyer Verlag.

Hume, David (2013). *Ein Traktat über die menschliche Natur. Buch 1: Über den Verstand.* Hamburg: Felix Meiner Verlag.

Jacques, Francis (1986). *Über den Dialog. Eine logische Untersuchung.* In: *Grundlagen der Kommunikation.* Posner, Roland; Mergel, Georg (Hrsg.). Berlin; New York: De Gruyter Verlag.

Jaspers, Karl (1956). *Philosophie II. Existenzerhellung.* Heidelberg: Springer Verlag.

Rosenkranz, Franz (1921). *Stern der Erlösung.* Frankfurt am Main: Kaufmann Verlag.

Russel, Bertrand (2006): *Einführung in die mathematische Philosophie (*2. Aufl.*).* Lenhard, Johannes/Otte, Michael (Hrsg.). Hamburg: Felix Meiner Verlag.

Searle, John R. (1971). *Sprechakte. Ein sprachphilosophischer Essay.* Frankfurt am Main: Suhrkamp Verlag.

Sekundärliteratur

Aretz, Bernd (2015). *Martin Buber. Eine erste Begegnung.* München: Verlag Neue Stadt GmbH.

Aicher, Otl (1991). *Analog und Digital.* Berlin: Ernst und Sohn. Verlag für Architektur und technische Wissenschaften.

Auhagen, Ann Elisabeth/Salisch von, Maria (Hrsg.) (1993). *Zwischenmenschliche Beziehungen.* Göttingen: Hogrefe, Verlag für Psychologie.

Argyle, Michael (2013). *Körpersprache und Kommunikation. Nonverbaler Ausdruck und soziale Interaktion.* Paderborn: Junfermann Verlag.

Bourel, Dominique (2017). *Martin Buber: Was es heißt, ein Mensch zu sein. Biografie.* Gütersloh: Gütersloher Verlagshaus.

Bollmann, Stefan (2021). *Der Atem der Welt. Johann Wolfgang Goethe und die Erfahrung der Natur.* Stuttgart: Klett-Cotta Verlag.

Bleicher, Joan Kristin (2010). *Internet.* Konstanz: UVK Verlagsgemeinschaft mbH,

Brieskorn, Norbert/Wallacher, Johannes (Hrsg.) (2011). *Beschleunigen, Verlangsamen. Herausforderungen an zukunftsfähige Gesellschaften.* Stuttgart: W. Kohlhammer GmbH.

Casper, Bernhard (1995). *Nachwort von Bernhard Casper.* In: Buber, Martin. *Ich und Du.* Ditzingen: Reclam Verlag.

Danzer, Gerhard (2017). *Identität. Über die allmähliche Verfertigung unseres Ichs durch das Leben.* Heidelberg: Springer-Verlag.

Danzer, Gerhard (2012). *Personale Medizin.* Göttingen: Verlag Hans Huber.

Felsmann, Klaus-Dieter (2012). *Medientechnologie vs. Handlungsstrategien: Der Spielraum des Rezipienten.* München: kopaed.

Friedmann, Maurice S. (2002). *Martin Buber. The Life of Dialogue. Fourth Edition.* London: Routledge Kegan Paul Ltd.

Fuchs, Britta/Farokhifar, Karin (2016). *Das Fremde: Chance oder Bedrohung? Antworten der Philosophie.* Rheinbach: CMZ-Verlag Winrich C.-W. Clasen.

Gapski, Harald (2009). *Jenseits der digitalen Spaltung. Gründe und Motive zur Nichtnutzung von Computer und Internet.* München: kopaed.

Goethe, Johann Wolfgang (2007). *Johann Wolfgang von Goethe. Hundert Gedichte.* Wild, Inge (Hrsg.). Berlin: Aufbau Verlag.

Hanh, Thich Nhat (2013). *Der furchtlose Buddha. Was uns durch die Angst trägt.* München: Arkana Verlag.

Huber, Melanie (2010). *Kommunikation im Web 2.0. Twitter, Facebook & Co.* Konstanz: UVK Verlagsgesellschaft mbH.

Kretschmer-Elsner, Melanie (2011). *Kritische Reflexionen zur Medienkompetenz.* Berlin: Peter Lang. Internationaler Verlag der Wissenschaften.

Mendes-Flohr, Paul (2022). *Martin Buber. Ein Leben im Dialog.* Berlin: Jüdischer Verlag.

Misoch, Sabine (2006). *Online-Kommunikation.* Konstanz: UVK Verlagsgesellschaft mbH.

Oswald, Sascha (2021). *Ich und Wir im digitalen Raum. Zur Kommunikationskultur, Vergemeinschaftung und Selbstformierung im Web 2.0 am Beispiel der bildbasierten sozialen Netzwerkseite Instagram.* München: UVK Verlagsgesellschaft mbH.

Pauen, Michael/Welzer, Harald (2005). *Autonomie: Eine Verteidigung.* Frankfurt am Main: Fischer Verlag.

Rheingold, Howard (1994). *Virtuelle Gemeinschaft. Soziale Beziehungen im Zeitalter des Computers.* Boston: Addison-Wesley GmbH.

Schmidt, Jan (2011). *Das neue Netz. Merkmale, Praktiken und Folgen des Web 2.0.* Konstanz: UVK Verlagsgesellschaft mbH.

Schober, Otto (2006). *Entstehung & aktuelle Bedeutung der „Proxemik", den Studien der menschlichen Perzeption und Nutzung von Räumen.* In: *Raum-Heimat-fremde und vertraute Welt.* Heller, H. (Hrsg.). Wien: CIT Verlag.

Schulz von Thun, Friedemann (2013). *Miteinander reden: 1. Störungen und Klärungen. Allgemeine Psychologie der Kommunikation.* Hamburg: Rowohlt Taschenbuch Verlag.

Sonnberger, Roman (2012). *Facebook im Kontext medialer Umbrüche. Eine theoretische und empirische Annäherung.* Glückstadt: Verlag Werner Hülzbusch.

Wehr, Gerhard (1980). *Martin Buber: Leben - Werk - Wirkung.* Gütersloh: Gütersloher Verlagshaus.

Wilhelm, Ulrich (2018). *Medienethik im digitalen Zeitalter.* Freiburg im Breisgau: Verlag Herder GmbH.

Wojcieszuk, Magdalena Anna (2010). *Der Mensch wird am Du zum Ich. Eine Auseinandersetzung mit der Dialogphilosophie des XX. Jahrhunderts.* Freiburg: Centaurus Verlag & Media UG.

Nachschlagewerke:

Gosepath, Stefan/Hinsch, Wilfried/Rössler, Beate (Hrsg.) (2010): *Handbuch für Politische Philosophie und Sozialphilosophie.* Berlin: De Gruyter Verlag.

Hoberg, Ursula und Rudolf (2011). *Duden.* Deutsche Grammatik. Berlin: Duden Verlag.

Prechtl, Peter/Burkard, Franz-Peter (Hrsg.) (2008). *Lexikon. Philosophie. Begriffe und Definitionen* (3. neubearbeitete Aufl.). Stuttgart/Weimar: Verlag J. B. Metzler.

Stumm, Gerhard/Pritz, Alfred (Hrsg.) (2007). *Wörterbuch der Psychotherapie.* Wien, New York: Springer Verlag.

Internetlinks:

Baecker, Dirk (2017). *Ausgangspunkte einer Theorie der Digitalisierung.* Verfügbar unter:
http://www.fachsymposium-empowerment.de/Empowerment%20in%20 Unternehmen/ausgangspunkte_theorie_digitalisierung1.pdf [13.12.2018].

Böhnke, Alexander/Schröter, Jens (Hrsg.) (2004). *Analog/Digital – Opposition oder Kontinuum? Zur Theorie und Geschichte einer Unterscheidung.* Verfügbar unter:
https://dokumentix.ub.uni-siegen.de/opus/volltexte/2009/381/pdf/AnalogDigital.pdf [04.01.2019].

D21-Digital-Index (2021). *Jährliches Lagebild zur Digitalen Gesellschaft.* Verfügbar unter: https://initiatived21.de/app/uploads/2021/02/d21-digital-index-2020_2021.pdf [25.06.2021].

Deutsches Wörterbuch von Jacob und Wilhelm Grimm. Verfügbar unter:
http://woerterbuchnetz.de/cgi-bin/WBNetz/wbgui_py?sigle=DWB [02.01.2019].

Dilthey, Wilhelm (1911). *Die Typen der Weltanschauung und ihre Ausbildung in den metaphysischen Systemen.* Verfügbar unter: https://www.gleichsatz.de/b-u-t/spdk/dilthey/wd1typen.html [25.03.2020].

Dunbar, Robin (2016). *Do online social media cut through the constraints that limit the size of offline social networks?* Verfügbar unter:
https://royalsocietypublishing.org/doi/ 10.1098/rsos.150292 [19.02.2022].

Ellgring, Heiner (1986). *Nonverbale Kommunikation.* Verfügbar unter:
https://opus.bibliothek.uni-wuerzburg.de/opus4-wuerzburg/frontdoor/deliver/index/docId/4373/file/Ellgring_Nonverbale_Kommunikation_Kopie.pdf [22.04.2022].

Goethe-Wörterbuch. Verfügbar unter: http://woerterbuchnetz.de/cgi-bin/WBNetz/wbgui_py?sigle=GWB&mode=Vernetzung&lemid=JD00253#XJD00253.

Linden, Joannes van der (1995). *Martin Buber: Begegnung.* Verfügbar unter:
http://buber.de/material/vortrag.pdf [17.05.2020].

Mormann, Thomas (2020). *Philosophie ist Möglichkeitswissenschaft, Beziehung von Philosophie, Wissenschaft und Logischer Analyse bei Russel.* Verfügbar unter:
https://philpapers.org/archive/MORQIM.pdf [10.05.2020].

Universal-Lexikon (2012). *Relation.* Verfügbar unter: https://universal_lexikon.deacademic.com/22670/Relation [11.05.2020].

Wittgenstein, Ludwig (1921). *Logisch-philosophische Abhandlung.* Verfügbar unter: http://tractatus-online.appspot.com/Tractatus/jonathan/D.html [18.03.2020].

www.duden.de

https://www.dwds.de.

http://www.latein-online.net.

Waldl, Robert (2002). *Therapeutische Aspekte bei Martin Buber.* Verfügbar unter: http://www.waldl.com/downloads/Therapeutische_Aspekte_bei_Martin_Buber.pdf. [14.01.2019].

Beate Letschert-Grabbe

Dennis:
Ich bin hier der Schulschreck!
Kinder mit destruktivem Verhalten
und die Notwendigkeit ihrer Ermutigung.
Eine Hilfestellung für Lehrkräfte

392 S., Januar 2019;
Print € 38,00; eBook €18,00

ISBN Print 978-3-946130-15-4
ISBN eBook 978-3-946130-19-2

Verhaltensschwierigkeiten von Schulkindern sind eine pädagogische Herausforderung für die Lehrkraft. Sie sind zugleich eine soziale Aufgabe für die Mitschüler. Die Herstellung eines produktiven Lernklimas wird in den Schulen heute noch zu wenig beachtet. Immer noch werden Lehrkräfte zu wenig in ihren erzieherischen Fähigkeiten geschult. Viele Lehrer wissen nicht, welche Maßnahmen sie ergreifen können, wie sie die Empathie und die Konzentration eines Kindes fördern und wie Kinder, die sich in eine Außenseiterposition manövriert haben, wieder in die Gemeinschaft zurückgeholt werden.
Die Autorin meint: Die Lösung der vielerorts beklagten Disziplinlosigkeit liegt in der grundsätzlichen Beachtung und Einbeziehung der Kinder. Im Zentrum dieses Buches einer 3. und 4. Grundschulklasse steht die Entwicklung des sozial gestörten Schülers Dennis. Beobachtet und beschrieben wird ein Zeitraum von anderthalb Jahren.
Die im Text eingestreuten Szenen geben ein lebendiges Bild von den Diskussionen mit den Kindern und den Entwicklungsfortschritten. Das direkt wiedergegebene Geschehen wird anschließend reflektiert, wobei es um grundsätzliche pädagogische Fragen und Probleme geht. Die Autorin orientiert sich dabei am pädagogischen Konzept der Individualpsychologie Alfred Adlers.

Erhältlich in allen Buchhandlungen und Online-Shops